Ademilson Quirino

Tempos líquidos

Ademilson Quirino

Tempos líquidos

Desafios para a escuta da Palavra de Deus na liturgia

CREDO EDICIONES

Imprint

Cover image: Disponibilizado pelo autor

Publisher:
CREDO EDICIONES
ist ein Imprint der / is a trademark of
International Book Market Service Ltd., member of OmniScriptum Publishing Group
17 Meldrum Street, Beau Bassin 71504, Mauritius

Printed at: see last page
ISBN: 978-613-0-35188-5

Índice

INTRODUÇÃO

A presente obra, "Tempos líquidos: Desafios para a escuta da Palavra de Deus na liturgia" é uma reflexão que parte do pensamento de Bauman sobre "os tempos líquidos", acentuando as dificuldades que hoje, mais do que nunca, se enfrentam para a cultura da escuta, do ouvir com atenção. Portanto, serão levantados os desafios e as pistas de ação para serem enfrentados e trabalhados pela Pastoral litúrgica, na iniciação bíblica, litúrgica, Espiritual e técnica na formação dos ministros e fiéis na liturgia.

CAPÍTULO I

OS "TEMPOS LÍQUIDOS" DE BAUMAN E O DESAFIO PARA A ESCUTA

O sociólogo e filósofo polonês Zymunt Bauman, de família judia, nasceu em 19 de novembro de 1925 e morreu em 09 de janeiro de 2017, com 91 anos de idade, em Leeds, na Inglaterra. Foi professor emérito de Leeds e Varsóvia, autor de várias obras e artigos. Grande pensador da modernidade, considerado um dos principais intelectuais do século XX, ele a qualificou tão bem com o célebre conceito de "Modernidade líquida" (fluidez, liquidez). Em 1939, fugindo dos nazistas, mudou-se para a União Soviética com sua família. Anos depois, após alistar-se no exército polonês no *front* russo, retornou ao seu país de origem, onde por vários anos ministrou aulas de filosofia e sociologia na Universidade de Varsóvia.

Aos 19 anos de idade, filiou-se ao partido comunista, do qual fez parte até 1967. Por três anos serviu o "exército interior", a força encarregada de "reprimir o terrorismo no interior do país". Sofreu perseguição dos serviços secretos poloneses ao longo de quinze anos. Foi expulso da universidade e proibido de publicar livros e artigos. Em 1968, viu-se obrigado a exilar-se em Israel com sua esposa Janina, onde começou a dar aulas na Universidade de Tel Aviv. Após trabalhar como professor de Sociologia nos Estados Unidos, no Canadá e na Austrália, em 1971, ele finalmente emigrou para a Inglaterra e se fixou como professor na Universidade de Leeds.

Em sua obra "Modernidade líquida" cunhou a célebre nomenclatura para a sociedade moderna: "Fluidez, liquidez". "Fluidez" é a qualidade de líquidos e gases. O que os distingue dos sólidos, como a Enciclopédia britânica informa, é que eles não podem suportar uma força tangencial ou deformante quando imóveis; assim, sofrem uma constante mudança de forma quando submetidos a tal tensão.[1]

---

[1] Cf. BAUMAN, Zygmunt. **Modernidade líquida**. Rio de Janeiro: Zahar, 2001. p. 7.

Bauman destaca essa nomenclatura como uma metáfora principal para definir a presente era da modernidade. Ele, em várias obras posteriores à citada, tais como: "Amor líquido", "Medo líquido", "Vida líquida", "Tempos líquidos", "Vigilância líquida", "Cultura do mundo líquido moderno" e "44 cartas do mundo líquido moderno", aprofunda esta reflexão do que é essa "fluidez, liquides" da modernidade.

Antes de ressaltar o que é líquido para o pensamento de Bauman, vale apresentar as características dos "fluidos" que ele descreve no prefácio de sua obra "Modernidade Líquida".

> Os líquidos, uma variedade dos fluidos, devem essas notáveis qualidades ao fato de que suas "moléculas são mantidas num arranjo ordenado que atinge apenas poucos diâmetros moleculares", enquanto "a variedade de comportamentos exibida pelos sólidos é um resultado direto do tipo de liga que une os seus átomos e dos arranjos estruturais destes". "Liga", por sua vez, é um termo que indica a estabilidade dos sólidos, a resistência que eles "opõem à separação dos átomos".[2]

O que essas características dos fluidos mostram, como afirma Bauman, é que os líquidos, diferentemente dos sólidos, não mantêm sua forma com facilidade. Eles não fixam o espaço nem se prendem no tempo. Enquanto os sólidos têm dimensões espaciais claras, mas neutralizam o impacto e, portanto, diminuem a significação do tempo, os fluidos não se atêm muito a nenhuma forma e estão constantemente prontos a mudá-la. O que conta é o tempo, mais do que o espaço que lhes toca ocupar; o que, afinal, preenchem apenas "por um momento". Em certo sentido, os sólidos suprimem o tempo; já para os líquidos, ao contrário, o tempo é o que importa.[3]

Vale lembrar que os fluidos se movem facilmente. Eles "fluem", "escorrem", esvaem-se", "respingam", "transbordam", "vazam", "inundam", "borrifam", "pingam"; são "filtrados", "destilados"; contornam certos obstáculos, dissolvem

---

[2] Ibid., p. 8.
[3] Cf. ibid.

outros e invadem ou inundam seu caminho. Quando os fluidos encontram-se com os sólidos, os alteram, molhando-os ou encharcando-os. A mobilidade extraordinária dos fluidos é o que os associa à ideia de "leveza". Há líquidos mais pesados que muitos sólidos, mas ainda assim se tende a vê-los como mais leves, menos "pesados" que qualquer sólido. Associa-se "leveza" ou 'ausência de peso" à mobilidade e à inconstância: sabe-se pela prática que, quanto mais leve viaja, com maior facilidade e rapidez se move. Essas são razões para considerar "fluidez" ou "liquidez" como metáforas adequadas quando se quer captar a natureza da presente fase, nova de muitas maneiras, na história da modernidade.[4]

Para Bauman, seria imprudente negar as profundas mudanças que o advento da modernidade fluida produziu na condição humana, tais como a emancipação, a individualidade, o tempo/espaço, o trabalho e a comunidade. Ele afirma que a modernidade significa muita coisa. Uma característica que a vida moderna impõe é que "a diferença faz a diferença". Esse é um atributo cambiante entre espaço e tempo.[5] Quando se refere ao modelo fordista, diz que ele era a autoconsciência da sociedade moderna em sua fase "sólida". Estar na Ford era ter a vida ganha. Hoje o capital viaja leve, apenas com a bagagem de mão, que inclui nada mais que pasta, telefone celular e computador portátil. O lugar fixo perdeu a sua solidez.[6]

Percebe-se, segundo Bauman, que a sociedade líquida moderna é uma sociedade do consumo, que tem por premissa satisfazer os desejos humanos de uma forma que a sociedade do passado não conseguiu realizar ou sonhar. É uma promessa de satisfação que só permanecerá sedutora enquanto o desejo continuar irrealizado. Essa sociedade do consumo consegue tornar permanente a insatisfação. O que é mais cruel: ela usa o método de satisfazer toda necessidade/desejo/vontade de uma forma que não pode deixar de provocar novas necessidades/desejos/vontades, levando à compulsão ou vício.[7]

---

4 Cf. ibid., p. 8-9.
5 Cf. ibid., p. 15-16.
6 Cf. ibid., p. 76.
7 Cf. BAUMAN, Zygmunt. **Vida líquida**. Rio de Janeiro: Zahar, 2013. p. 105-106.

Outra questão levantada por Bauman é a sociedade do "medo líquido", o espectro do planeta negativamente globalizado, onde todos estão em perigos e todos são perigosos uns para os outros. Ele diz que nesta sociedade do medo há apenas três papéis a desempenhar: "Perpetradores, vítimas e 'baixas colaterais', e não há carência de candidatos para o primeiro papel, enquanto as fileiras daqueles destinados ao segundo e ao terceiro crescem interminavelmente. Os que se encontram na extremidade receptiva da globalização negativa buscam freneticamente fugir e procurar vingança".[8]

Daí então se compreende o que Bauman quer dizer com a expressão "modernidade líquida"; segundo ele, essa expressão modernidade líquida é para denominar o formato atual da condição moderna, descrita por outros autores como "pós-modernidade", "modernidade tardia" "segunda modernidade" ou "hipermodernidade". O que torna líquida a modernidade, para Bauman, e o que justifica a escolha do nome é sua modernização compulsiva e obsessiva, capaz de impulsionar e intensificar a si mesma, em consequência do que, como ocorre com os líquidos, nenhuma das formas consecutivas de vida social é capaz de manter seu aspecto por muito tempo (isto é, na política, na economia, na cultura: música, moda, redes sociais... na religião, e assim por diante).[9]

A cultura da modernidade líquida não tem um populacho a ser esclarecido e dignificado; ela tem clientes a seduzir. A sedução é uma atividade com o fim em aberto. A função da cultura no mundo líquido é criar outras ao mesmo tempo. Sua principal preocupação é evitar o sentimento de satisfação em seus antigos objetos e encargos agora transformados em clientes; e, de maneira bem particular, neutralizar sua satisfação total, completa e definitiva, o que não deixaria espaço para outras necessidades e fantasias novas, ainda inalcançadas.[10] Constata-se, que o homem de hoje é moldado para consumir segundo os impulsos de seus desejos criados e recriados pela mídia, que não pode ser senão o que deve escolher a cada

---

[8] Id. **Medo líquido**. Rio de Janeiro: Zahar, 2008. p. 126-128.

[9] Cf. Id. **A cultura no mundo líquido moderno**. Rio de Janeiro: Zahar, 2013. p. 16.

[10] Cf. ibid., p. 21.

momento, o que convém num processo de instabilidade irracional. Ele se torna um escravo do consumo, que cai facilmente na compulsão.[11]

Após conceituar o que é "fluidez ou liquidez" e suas características no pensamento de Bauman, interessa agora focar a temática proposta para este item, que são os "tempos líquidos" e o desafio para a escuta. Desafios esses que homens e mulheres, em seus objetivos individuais, enfrentam e que influenciam na sua maneira de viver suas vidas no cotidiano. É uma reflexão que procura privilegiar a necessidade de uma "escuta" que conduz o ser humano a uma ação, como está fundamento no primeiro capítulo.

A marca fundamental dos tempos líquidos modernos, para Bauman, é a insegurança. Os fenômenos típicos dessa era são: as crises na política, o desemprego, o crime organizado, a solidão, a exclusão e a desintegração da solidariedade, que expõe o ser humano a seus temores mais graves. Em tempos líquidos, a insegurança, sobretudo nas grandes cidades, é enorme. O desmonte dos mecanismos aos pobres e marginalizados, somados aos efeitos incontroláveis gerados pela globalização, propiciou um ambiente inseguro por definição. As cidades, principalmente, tornam-se local por excelência de ansiedades, porque hoje são mais associadas a local de perigo que segurança. O medo gerado nestes tempos líquidos acaba por alimentar mais ainda as angústias e a solidão da vida na modernidade líquida. Escutar tornou-se um desafio. Mas existem iniciativas boas de grupos e associações de escuta que conduzem a uma esperança sólida, que vai na contramão da modernidade líquida.

Na Itália existe uma associação chamada "Telefono Amico Itália", que há cinquenta anos está comprometida em apoiar pessoas que se encontram em condições de solidão, desorientação e que necessitam de escuta, compreensão e ajuda moral. O Papa Francisco recebeu os voluntários desta Associação "Telefono Amico Itália", em 11 de março de 2017, ocasião em que a associação celebrava

---

[11] Cf. COSTA, Valeriano Santos. **Vida cristã**: a existência no amor. São Paulo: Paulinas, 2014. p. 49.

os seus 50 anos de atividades. No seu discurso aos voluntários dessa associação, destacou que o serviço prestado por eles é muito importante, especialmente no hodierno contexto social, marcado por múltiplas dificuldades, causadas pelo isolamento e pela falta de diálogo. As grandes cidades, superpovoadas, são o emblema de um estilo de vida pouco humano, com o qual os indivíduos estão se acostumando: indiferença generalizada, comunicação cada vez mais virtual e menos pessoal, falta de valores firmes sobre os quais fundar a existência, cultura do ter e do aparecer. Neste contexto, é indispensável favorecer o diálogo e a escuta, afirmou o pontífice.[12]

O Papa Francisco disse também nesse mesmo discurso que a condição do diálogo é a escuta, que infelizmente não é muito comum. Escutar o outro exige paciência e atenção. Só escuta quem sabe ficar em silêncio. Não se pode escutar falando. Para escutar Deus, escutar o irmão e a irmã que precisa de ajuda, escutar um amigo, um familiar, é necessário fechar a boca, afirma o Papa. Segundo o pontífice, o próprio Deus é o exemplo mais sublime de escuta: todas as vezes que se reza, Ele escuta aquele que reza sem pedir nada e até precede na tomada de iniciativa, atendendo ao pedido de ajuda daquele que o suplica em oração.[13]

A capacidade de escuta da qual Deus é modelo encoraja a abater os muros das incompreensões, a criar pontes de comunicação, superando o isolamento e o fechamento no pequeno mundo. O Papa Francisco destaca: "Alguém dizia: para fazer a paz, no mundo, faltam ouvidos, faltam pessoas que saibam escutar, e a partir dali depois vem o diálogo". Ao concluir o seu discurso, afirma que é por meio do diálogo e da escuta que se pode contribuir para a construção de um mundo melhor, tornando-o lugar de acolhimento, respeito, contrastando assim as divisões e os conflitos. Ele encoraja a associação a prosseguir com entusiasmo renovado no precioso serviço prestado à sociedade, para que ninguém permaneça isolado, a

---

[12] Cf. FRANCISCO, Papa. **Discurso aos voluntários do "telefono amico Itália".** Disponível em: <http://w2.vatican.va/content/francesco/pt/speeches/2017/march/documents/papa-francesco_20170311_volontari-telefono-amico.html>. Acesso em: 24/05/2017.

[13] Cf. ibid.

fim de que não se cortem os laços do diálogo e para que nunca venha a faltar a escuta, que é a manifestação mais simples de caridade em relação aos irmãos.[14]

No Brasil, em muitas paróquias e em algumas denominações cristãs, a Pastoral da Escuta e Aconselhamento vem como uma resposta a esses desafios dos "tempos líquidos". Ela tem feito um bem enorme no atendimento de muitas pessoas em conflitos familiares, relacionais, existenciais e espirituais. Seu objetivo é ajudar as pessoas a encontrarem um novo sentido para suas vidas, abrindo-lhes os olhos da alma, para irem além de si mesmas, achando recursos internos dados por Deus para que o sagrado tenha espaço na sua vida pessoal, profissional e espiritual. Diante da necessidade que o ser humano tem de encontrar quem realmente escute seus sofrimentos e dificuldades, a Pastoral da Escuta e Aconselhamento tem sido um caminho.[15]

Percebe-se que a arte da escuta promove também um clima de graça porque envolve pessoas no processo de interlocução, isto é, numa terminologia mais específica: aconselhador e aconselhado. Neste sentido, no processo de escuta, entre o aconselhado e o aconselhador vive-se um mesmo processo de mudança. Entretanto, em algumas ocasiões o aconselhador é chamado a repensar a sua atitude no processo de escuta do outro. Essa é uma pedagogia cíclica, própria do Reino de Deus. Antes ou durante o processo de aconselhamento é necessário que o aconselhador escute a si mesmo para poder exercitar a memória da voz de Deus que lhe fala, consola, confronta e encoraja. Desse forma é que o aconselhador revisita o dom da escuta pastoral quando está diante de alguém.[16]

Constata-se, porém, que escutar requer sensibilidade para poder compreender o indivíduo como um todo, pois ele se expressa de várias maneiras. Entretanto, a motricidade expressiva contribui grandemente para que o sujeito se

---

14 Cf. ibid.

15 Cf. CATEDRAL DE MARINGÁ. **A Pastoral da Escuta e Aconselhamento**. Disponível em: <http://catedral demaringa.com.br/ pastorais-e-movimentos/a-pastoral-da-escuta-e-aconselhamento/>. Acesso em: 25/05/2017.

16 Cf. PAULA, Blanches de. **Escuta libertadora**: temas emergentes para o Aconselhamento Pastoral. Belo Horizonte: Filhos da Graça/Siano, 2013. p. 16.

expresse. Sendo assim, a audição, o tato, o gosto, a visão e o olfato se aplicam à escuta sensível. O sujeito, para ser compreendido como um ser completo, não pode ser visto apenas em seu aspecto físico. Para o corpo "agir" ele precisa receber ordens do cérebro, ou seja, há necessariamente um comunicação entre as diversas partes do corpo, isto é, cabeça, corpo, cérebro, coração, e assim por diante.[17]

O Papa Bento XVI, em sua mensagem para o Dia Mundial das Comunicações Sociais em 2012, trouxe como tema: "Silêncio e Palavra: caminho para a evangelização". Em sua reflexão ele convida a pensar o silêncio e a palavra como pontos de equilíbrio da comunicação, para um diálogo autêntico e uma união profunda entre as pessoas. Quando palavra e silêncio se excluem, deterioram a comunicação e criam um clima de indiferença; quando se integram reciprocamente, a comunicação ganha valor e significado.[18]

No silêncio se escuta e se conhece melhor a si mesmo, nasce e aprofunda-se o pensamento, compreende-se com maior clareza o que se quer dizer ou aquilo que se ouve do outro, discerne-se como exprimir-se. Silenciando-se, permite-se que o outro fale e exprima a si mesmo. Dessa forma, abre-se um espaço de escuta recíproca e torna-se possível uma relação plena. É no silêncio que se identifica a autêntica comunicação entre os que se amam. O gesto, a expressão do rosto, o corpo são sinais que se manifestam na pessoa. É do silêncio que brota a comunicação mais exigente, que faz apelo à sensibilidade e àquela capacidade de escuta que frequentemente revela a medida e a natureza dos laços.[19]

Para o Papa Bento XVI, é necessário criar um ambiente propício, quase uma espécie de "ecossistema" capaz de equilibrar silêncio, palavra, imagens e sons. Nos dias atuais, a rede vai-se tornando cada vez mais o lugar das perguntas e respostas. O homem de hoje se vê bombardeado de respostas a questões que nunca

---

[17] Cf. CERQUEIRA, Teresa Cristina Siqueira (org.). **(Con)Texto em escuta sensível**. Brasília: Thesaurus, 2011. p. 33.

[18] Cf. BENTO XVI, Papa. **Silêncio e Palavra**: caminho de evangelização – Dia Mundial das Comunicações Sociais, 20 de maio de 2012. São Paulo: Paulus, 2012. p. 5.

[19] Cf. ibid., p. 5-6.

se pôs e a necessidades que não sente. O silêncio é necessário para favorecer o discernimento entre os inúmeros estímulos e as muitas respostas que recebemos, para identificar e focalizar as perguntas verdadeiramente importantes. Portanto, urge a necessidade de educar-se em comunicação, quer dizer, aprender a escutar, a contemplar, para além do falar, o que é muito importante para os agentes da evangelização. Silêncio e palavra são ambos elementos essenciais e integrantes da ação comunicativa da Igreja para um renovado anúncio de Jesus Cristo no mundo contemporâneo.[20]

Vê-se a necessidade de se educar para aprender a escutar e silenciar no mundo de hoje, para poder acolher a Palavra de Deus e interagir melhor uns com os outros, como salientou o Papa Bento XVI. Vive-se hoje a "era da iconofagia", isto é, imagens que devoram imagens e corpos que devoram imagens. A desmedida proliferação de imagens, fruto das imensas facilidades da reprodutividade técnica, trouxe o surgimento de uma instância crescente de imagens que se insinuam para serem vistas, enquanto decresce em igual proporção a capacidade humana de enxergá-las. Tal fenômeno, que se configura como crise da visibilidade, promove uma aceleração cada vez mais intensa no crescimento populacional das imagens, gerando uma inflação que agrega a elas um crescente desvalor e um movimento desesperado de busca da visibilidade a qualquer custo.[21]

Com relação à proliferação indiscriminada e compulsiva de imagens exógenas em todas as linguagens e em todos os tipos de espaços midiáticos, isso gera também nos receptores a compulsão exacerbada de apropriação de imagens, não de coisas. Não é outro o fenômeno da iconofagia: corpos tridimensionais devoram imagens em quantidade cada vez mais assustadora, em substituição a outras apropriações sensoriais. O mecanismo de consumo hoje de marcas de grifes, de imagens criadas com base em procedimentos unilaterais de valorização,

---

[20] Cf. ibid., p. 6-9.

[21] Cf. BAITELLO, Junior Norval. **A era da iconofagia**: reflexões sobre a imagem, comunicação, mídia e cultura. São Paulo: Paulus, 2014. p. 128-129.

em laboratórios de *marketing*, demonstra à exaustão a presença de uma iconofagia patológica.

As palavras consumir e consumo têm como etimologia: devorar, esgotar, destruir, morrer, acabar e sucumbir. A presença de um sentido ativo e passivo para o verbo acusa a consciência de um processo de dois vetores opostos. O que equivale dizer que devorar imagens pressupõe também ser devorados por elas.[22]

Baitello fala da importância de uma cultura do ouvir como uma necessidade, diante dos diversos ruídos da modernidade líquida, que são desafios para a escuta hoje. Vive-se a época do mundo das imagens, que não começou agora, mas que se desenvolveu e foi se expandindo de tal forma que se pode dizer que tomou o lugar dos outros sentidos. Detecta-se então que as atividades e a cultura contemporânea têm o predomínio do campo visual sobre o auditivo. A cultura e a sociedade contemporânea tratam o som como forma menos nobre no espectro dos códigos da comunicação humana. Pergunta-se: será que as pessoas não estão se tornando surdos intencionais? Surdos que ouvem. Surdos que têm a capacidade de ouvir, mas não querem ouvir, não têm tempo ou então não dão atenção ao que ouvem. Literalmente não dão ouvidos ao que, de fato, ouvem.[23]

Tem-se horror à cegueira muito mais do que à surdez. Raramente se dá conta de que a surdez pode privar de um dos sentidos mais presentes e envolventes, mais do que a cegueira. Na cultura atual o maior medo é perder a visão. O surdo sem linguagem pode de fato ser como um imbecil, de forma muito cruel. Isso ocorre à medida que a inteligência, embora presente e talvez abundante, permanece bloqueada pelo tempo que durar a ausência da linguagem. Profissionais pedagogos de surdos afirmam que o aprendizado dos sinais, a linguagem de sinal dos surdos, abre pela primeira vez as portas da inteligência.[24]

---

22 Cf. ibid., p. 130.
23 Cf. ibid., p. 133-135.
24 Cf. ibid., p. 135-136.

Entretanto, persiste a questão se as pessoas não estão se tornando surdas nesta civilização da visualidade, se não estão coagindo ou sendo coagidas a esquecer o que ouviram e sendo obrigadas a ver, enxergar, o tempo todo. Essa expressão "civilização da visualidade" não se refere apenas ao campo das imagens, mas remete também a ver as imagens onde elas não estão, a projetar as imagens onde elas não estão visualmente presentes, a atribuir valores imagéticos e sobretudo a conferir ao imaginário o *status* de realidade primordial e preponderante. Mas não há dúvida de que a oferta de imagens sobre suportes físicos, cartazes, painéis, *outdoors*, telas é hoje gritantemente excessiva, criando o que se convencionou chamar de "poluição visual".[25]

Fala-se muito da imagem de uma empresa, grupo comercial, de profissionais, de pessoas... imagens lesadas, empresas ou pessoas que foram lesadas. Cuida-se muitas vezes da imagem sem cuidar da coisa em si, ou então se cuida da coisa em função da repercussão e de sua transformação em imagem. Fala-se também em visibilidade como a mais alta qualidade, como meta universal a ser atingida em todos os setores da sociedade. As pessoas são obrigadas a se tornar imagens antes mesmo de considerar a necessidade de se tornarem pessoas. São obrigadas a serem visuais. O restante é dispensável, é acessório. O importante é ser visível.[26]

No entanto, a visibilidade é temporária, muito mais veloz que o tempo da audição, do fluxo do ouvir. Tudo que é visível morre mais rápido, embora o suporte possa permanecer. Percebe-se que hoje se vive uma época da perecível, do descartável. A onipresença e onipotência da imagem levam as pessoas a se compelirem ao universo do descartável. A insistência crescente na produção de imagens e a visibilidade são apenas um sinal de sua saturação. É uma época de saturação da visibilidade e da imagem.[27]

---

[25] Cf. ibid., p. 136.
[26] Cf. ibid., p. 136-137.
[27] Cf. ibid., p. 137.

Após destacar a saturação da visibilidade e da imagem, interessa destacar também a importância da fala e da musicalidade da voz humana. Percebe-se que o homem, diferentemente dos primatas, deixou os gestos e transformou a voz em seu principal veículo de comunicação. Pergunta-se: o que motivou essa mudança? A hipótese da verticalização do ancestral do homem, do seu caminhar ereto, diz que, ao ser obrigado a sair da mata para a savana, teve de levantar a cabeça, o que lhe liberou a glote e toda a musculatura de seu aparelho fonador, até então muito pouco usado para a comunicação. Sendo que antes o meio de comunicação eram as mãos, o corpo, a postura, o balanço nas árvores.[28]

Com o caminhar ereto, a glote do homem ancestral teria sido liberada, aperfeiçoando o aparelho fonador e possibilitando vocalizações complexas, eficazes na situação de visão restrita pela vegetação alta e densa da savana. Daí começa a desenvolver seu sistema de gritos de alertas, que começam a se transformar em vocábulos, frases, narrativas, língua etc.

Uma outra possibilidade, muito pouco considerada, é de que homem ancestral, ao observar os pássaros cantar, começa a imitá-los a cantar o seu próprio canto, e esse canto todos falam até hoje. No entanto, a razão pela qual se teria dado o rompimento do homem com os primatas são duas: funcional e estética. A primeira melhora e facilita uma comunicação audível da voz, que não exige campo visual, e a segunda ajuda na imitação dos pássaros.[29]

As comunidades humanas, a princípio nômades, necessitavam de uma comunicação sonora eficaz, uma vez que as distâncias pediam códigos adequados. A voz e a fala são atividades de extrema complexidade neurológica, com operações sincronizadas de precisa coordenação motora de músculos do aparelho fonador, requerendo um aparato neurológico de refinado desenvolvimento. Portanto, com o desenvolvimento da fala, a comunicação humana, seus tempos de sincronização, também se alteram. Os gestos corporais e seus movimentos

[28] Cf. ibid., p. 139.
[29] Cf. ibid.

acompanham a fala. A mudança do *habitat* humano e de seus códigos provocou ruptura entre o gesto e a fala. O movimento de conquista de um novo código, a voz que mobiliza a audição, se dão graças ao movimento de perda ou diminuição da eficiência comunicativa da imagem e da visão, o que coloca o gesto como apenas acessório comunicativo, não mais como código central.[30]

Contudo, tem que se perguntar se as pessoas hoje estão diante de uma nova necessidade comunicativa do homem dada à saturação das imagens e das visualidades. Será que as pessoas estão diante de um quadro de cansaço da visão? Todos continuam sendo primatas. O que significa que a gestualidade humana ainda é importante para toda a comunicação primária, interpessoal e direta. É evidente também que o cansaço e a saturação da visualidade não trarão seu banimento. A ancestral comunicação corporal continua sendo importante; assim como a oralidade, a visualidade não morrerá se a ela se suceder uma nova era do ouvir.[31]

Hoje, uma das grandes carências da comunicação humana é justamente o seu maior órgão de comunicação: a pele. A pele humana é a ponte da pessoa para o mundo. Ao considerar as características físicas do som, constatar-se-á que a recepção de todo som se dá não apenas por um pedaço pequeno da pele chamado tímpano, mas por toda a pele, e que portanto a audição é uma operação corporal e não apenas pontual. Som é vibração. E a vibração opera sobre a pele humana. Nesse sentido, pode-se dizer que toda voz e todo som são um tipo de massagem, uma estimulação tátil, uma sutil forma de toque.[32]

A mensagem da comunicação humana passa por dois ambientes: o ar e a luz. O principal ambiente do som é o ar e o canal da imagem é a luz. O ar, quando vibra na produção do som, estimula a pele. A luz somente o faz quando se transforma em calor. Mas nem sempre a luz se transforma em calor. A imagem

---

[30] Cf. ibid., p. 140-141.
[31] Cf. ibid., p. 141.
[32] Cf. ibid., p. 141-142.

do cinema, da televisão, do *outdoor* não se transforma em calor. Portanto, não atua sobre o corpo todo, produzindo estimulação tátil. Destina-se apenas à retina, com um direcionamento pontual. Para ouvir sons basta ser e aprender a ser passivos receptores. Quanto à recepção de imagens, são obrigatoriamente ativos na direção do olhar para algum objeto.[33]

Há que considerar então o que significa ser ativo e passivo na recepção de sons e imagens. A palavra passivo vem de *passion*, *passione*, que significa paixão, e está associado à sensação, ao sentimento, ao modo de se relacionar com o mundo a partir de uma capacidade do sentir. Já a palavra ativo vem de ação e está associado a agir, a fazer. Há então dois grandes universos que evidentemente se completam, interagem e ambos são importantes. Quando esses dois universos entram em desequilíbrio, a relação com o mundo estará em desequilíbrio. Entretanto, o ouvir e o ver, operações perceptivas associadas a cada um desses dois universos, requerem ambos o cuidado e o cultivo dos próprios limites. O "ouvir" vincula-se ao universo passivo do sentir, receber e aceitar, e o "ver", ao universo da ação, do fazer, da atividade, do atuar, do agir e do poder.[34]

No entanto, nesse universo do mundo descartável das imagens em processo de reprodução inflacionária, o que restará é uma cegueira progressiva dessas imagens. Não haverá mais nexos e conexões entre quem estava acostumado a ver com o mundo da audição, do fluxo lento e da temporalidade do ouvir e do contemplar. O ouvir requer um tempo de fluxo e o tempo do fluxo é o tempo do nexo, das conexões, das relações, dos sentidos e do sentir. Eis o advento de uma nova época do ouvir. Com a audição constroem-se nexos, proposições, descobrem-se, desvendam-se sentidos. O resultado será a redescoberta e o resgate do mundo do ouvir, a necessidade da cultura do ouvir, de um novo

---

33 Cf. ibid., p. 143.
34 Cf. ibid.

desenvolvimento da percepção humana para relações e nexos mais profundos, para os sentidos e para o sentir.[35]

Nesse sentido, o Papa Francisco, numa visita pastoral à paróquia Santa Madalena de Canossa, nos arredores de Roma, num encontro com as crianças e adolescentes da catequese, ao falar sobre o uso de *smartphones*, disse que o diálogo com o celular é "virtual, líquido, não é concreto e não nos permite o apostolado de ouvido de que hoje tanto necessitamos, já que a falta de escuta é uma das piores doenças da atualidade".[36] O Papa Francisco sugeriu às crianças e aos adolescentes imaginar a seguinte cena:

> Na mesa, um pai, uma mãe, um menino e uma menina, cada um com seu celular, todos falam com outros, mas não dialogam entre si, e isso é um problema. Então eu digo a vocês, jovens, como podemos começar? Desbloqueando os ouvidos. Por exemplo, quando você vai visitar um doente, primeiro fique calado, de um abraço, um afago, depois faça uma pergunta e deixe que a pessoa fale, ela precisa desabafar, ou talvez não falar nada, mas ter alguém por perto. Em primeiro lugar está o coração e apenas em segundo lugar a palavra.[37]

Na fala do Papa Francisco está um dos grandes desafios para a escuta, mas que podem ser superados com atitudes concretas. Como afirmou também o Papa Bento XVI, na 46ª Mensagem para o Dia Mundial das Comunicações, é necessário educar-se, aprender a escutar. Portanto, vale ressaltar agora quais são os desafios em "tempos líquidos" no pensamento de Bauman, para poder falar dos desafios para a escuta na liturgia em uma cultura do barulho.

Em uma entrevista à revista eletrônica "ISTOÉ", Bauman afirma que os contatos *on-line* têm vantagens sobre os *off-line*; esses contatos são mais fáceis e menos arriscados, o que muitos acham atraente. É mais fácil se conectar e desconectar. Segundo ele, quando as coisas ficam "quentes" demais para o

---

[35] Cf. ibid., p. 145-146.

[36] Cf. FRANCISCO, Papa. **Eu não temo as bruxas, mas as fofocas**: mesmo aquelas do Vaticano. Disponível em: <http://www.ihu.unicinos.br./565764-eu-nao-temo-as-bruxas-mas-as-fofocas-mesmo-aquelas-do-vaticano>. Acesso em: 05/06/2017.

[37] Ibid.

conforto, pode-se simplesmente desligar, sem nenhuma necessidade de explicações complexas, sem inventar desculpas, sem censuras nem culpa. Atrás de seu *laptop* ou *iPhone*, com fones no ouvido, a pessoa pode sair dos desconfortos do mundo *off-line*. Segundo Bauman, não há almoços grátis, como diz um provérbio inglês: se você ganha algo, perde alguma coisa. Entre as coisas perdidas estão as habilidades necessárias para estabelecer relações de confiança, na saúde ou na tristeza, com outras pessoas. Relações cujos encantos você nunca conhecerá, a menos que pratique. E conclui dizendo que o problema é que, quanto mais você busca fugir dos inconvenientes da vida *off-line*, maior será a tendência a se desconectar.[38]

Em sua obra "Estranhos à nossa porta", Bauman retoma a reflexão dos dois mundos habitados pelas pessoas hoje, o mundo *on-line* e o mundo *off-line*. Com muita frequência as pessoas conseguem estar nestes dois mundos ao mesmo tempo (à mesa com a família, andando na rua, sozinho, em grupo, trocando mensagens com um amigo a longa distância etc.). Muito facilmente mudam de registro, dependendo do que lhes chama mais a atenção. Cada mundo tem seu próprio conjunto de expectativas à espera daqueles que neles ingressam, assim como seus próprios padrões de comportamentos que se recomendam seguir. Há um longa diferença entre estes dois mundos. Uma delas parece ter mais peso sobre as reações das pessoas aos desafios da "crise migratória".[39]

Pois bem, dentro do mundo *off-line*, a pessoa está no controle. Espera-se que se submeta ao controle de circunstâncias contingentes, voláteis, e muitas vezes é forçada a isso, para que obedeça, ajuste-se, negocie seu lugar, seu papel, assim como o equilíbrio de seus direitos e deveres; tudo imposto e vigiado pela sanção, explícita ou suposta, da exclusão e da expulsão. Enquanto o mundo *on-line* é o contrário. A pessoa é responsável, ela está no controle. No mundo *on-line* a pessoa

---

[38] Cf. BAUMAN, Zygmunt. **Vivemos em tempos líquidos**: nada é para durar. Disponível em: <http://istoe.com.br/102755_VIVEMOS+TEMPOS+LIQUIDOS+NADA+E+PARA+DURAR+/>. Acesso em: 06/06/2017.

[39] Cf. BAUMAN, Zygmunt. **Estranhos à nossa porta**. Rio de Janeiro: Zahar, 2017. p. 101-102.

sente-se administradora das circunstância, estabelece sua agenda, recompensa a obediência e pune a indisciplina; ela detém a arma do banimento e da exclusão. Ela pertence ao mundo *off-line*, enquanto o mundo *on-line* pertence a ela. Passar do mundo *off-line* para o mundo *on-line* assemelha-se a entrar num mundo obediente à sua vontade, pronto e ansioso por concretizar seus desejos.[40]

A vantagem do mundo *on-line* sobre o *off-line* está na promessa e na expectativa de se libertar de desconfortos, inconveniências e agruras que atormentam os habitantes desta região. Tem-se a perspectiva de se libertar das preocupações, derivadas não tanto de resolver os enigmas e dilemas que são insolúveis e inquietantes na parte *off-line* da vida, mas de se afastar deles, jogá-los debaixo do tapete, tirá-los da sua frente e, acima de tudo, torná-los irrelevantes para a tarefa que estabelecem para si mesmos. Nenhuma opção *on-line* é final e irreversível, nenhum defeito é irreparável, nenhum fracasso é imperdoável. Na navegação *on-line* pode-se escolher mais conforto e menos inconveniência como a única bússola, em detrimento de todos os outros critérios. Quanto mais complexas e desafiadoras forem as tarefas com que se defrontar *off-line*, mais sedutores serão as simplificações e facilidades com frequência descobertas e sempre prometidas na alternativa *on-line*.[41]

Percebe-se que os desafios para a escuta, nos tempos líquidos intuídos por Bauman, existem. Vive-se hoje mudanças rápidas no comportamento das pessoas, uma enorme necessidade de consumir compulsivamente o que veem e nunca estão satisfeitas. Constata-se um mundo de incertezas: tudo se inicia e acaba muito rápido, tudo é descartável. Não há tempo para se escutar e muito menos para escutar os outros. Como já foi mencionada acima, destaca-se hoje o mundo da imagem e da visibilidade, o que vem bloqueando a escuta do eu e do outro. Sente-se a necessidade de uma cultura do ouvir. Como alerta o Papa Francisco: para haver uma cultura do diálogo necessariamente exige-se silêncio e escuta. O Papa

---

[40] Cf. ibid., p. 102.
[41] Cf. ibid., p. 103-104.

Bento XVI, como mencionado acima, afirma que o educar-se em comunicação significa aprender a escutar, contemplar para além do falar. Daí a importância da cultura do ouvir no mundo dos ruídos, *on-line* e *off-line*.

CAPÍTULO II

"TEMPOS LÍQUIDOS" NO PENSAMENTO DE BAUMAN

Nos "tempos líquidos", segundo Bauman, sobressai de maneira bem forte o viveiro das incertezas neste novo ambiente da modernidade líquida. Segundo ele, na parte mais desenvolvida do planeta, está acontecendo atualmente algumas mudanças de curso seminais e intimamente interconectadas, as quais criam um ambiente novo e de fato sem precedentes para as atividades da vida individual, levando a uma série de desafios inéditos.[42] Esses desafios são elementos-chave para a compreensão dessa nova cultura em "tempos líquidos". Eis a seguir os cinco desafios que Bauman apresenta dos tempos líquidos.

O primeiro desafio é a passagem da fase "sólida" da modernidade para a "líquida", ou seja, para uma condição em que as organizações sociais não podem mais manter sua forma por muito tempo, pois se decompõem e se dissolvem mais rápido que o tempo que leva para moldá-las e, uma vez reorganizadas, para que se estabeleçam. É pouco provável que essas formas de organizações tenham vida longa, em razão de sua expectativa de vida curta. Com efeito, uma estratégia mais curta que o tempo leva a desenvolver-se de forma coesa e consistente, e mais curta ainda que o necessário para a realização de um "projeto de vida" individual.[43]

O segundo desafio é a separação e o iminente divórcio entre o poder e a política, a dupla da qual se esperava, desde o surgimento do Estado moderno e até muito recentemente, que compartilhasse as fundações do Estado-nação "até que a morte os separasse". Grande parte deste poder agora se afasta na direção de um espaço global, politicamente descontrolado, enquanto a política é incapaz de operar efetivamente na dimensão planetária, já que permanece local. Esse divórcio os leva a "subsidiar", "terceirizar" um volume crescente de funções que

---

[42] Cf. BAUMAN, Zygmunt. **Tempos líquidos**. Rio de Janeiro: Zahar, 2007. p. 7.
[43] Cf. ibid., p. 7.

desempenhavam anteriormente. Abandonadas pelo Estado, essas funções são deixadas para a iniciativa privada e aos cuidados dos indivíduos.[44]

No terceiro desafio, Bauman fala sobre "a retratação ou redução gradual, embora consistente da segurança comunal, endossada pelo Estado, contra o fracasso e o infortúnio individuais retira da ação coletiva grande parte da atração que esta exercia no passado e solapa os alicerces da solidariedade social".[45] A comunidade foi destruída, os laços inter-humanos se tornaram mais frágeis e temporários. A exposição dos indivíduos aos caprichos dos mercados de mão-de-obra e de mercadorias inspira e promove a divisão, e não a unidade. Incentiva as atitudes competitivas, ao mesmo tempo que rebaixa a colaboração e o trabalho de equipe à condição de estratagemas temporários que precisam ser suspensos ou concluídos no momento em que se esgotarem seus benefícios. A sociedade é percebida e encarada como uma matriz de conexões e desconexões aleatórias e de um volume essencialmente infinito de permutações possíveis.[46]

O quarto desafio é o colapso do pensamento, do planejamento, da ação a longo prazo e do enfraquecimento das estruturas sociais, nas quais estes poderiam ser traçados com antecedência. Isso leva a um desmembramento da história política e das vidas individuais numa série de projetos e episódios de curto prazo que são, em princípio, infinitos e não combinam com os tipos de sequência aos quais conceitos como desenvolvimento, maturação, carreira ou progresso poderiam ser significativamente aplicados. Uma vida assim fragmentada estimula orientações "laterais" mais do que "verticais". Cada passo deve ser uma resposta diferente para um conjunto de oportunidades e a uma diferente distribuição de vantagens, exigindo diferentes habilidades e um arranjo diferente de ativos. Os sucessos passados não aumentam a possibilidade de vitórias no futuro. Portanto, um imediato e profundo esquecimento de informações defasadas e um rápido envelhecimento de hábitos pode ser mais importante para o próximo sucesso do

---

[44] Cf. ibid., p. 8.
[45] Ibid.
[46] Cf. ibid., p. 8-9.

que a memorização de lances do passado e a construção de estratégias sobre um alicerce estabelecido pelo aprendizado prévio.[47]

O quinto desafio retrata a responsabilidade em resolver os dilemas gerados por circunstâncias voláteis e constantemente instáveis, jogadas sobre os ombros dos indivíduos, dos quais se espera que sejam *free-choosers* e suportem plenamente as consequências de suas escolhas. O risco de cada escolha feita pelo indivíduo pode ser produzido por forças que transcendem a sua compreensão e a sua capacidade de ação, mas é destino e dever deste pagar o seu preço, pois não há receita endossada que, caso fosse adequadamente aprendida e diligentemente seguida, possa permitir que erros sejam evitados ou que, em caso de fracasso, afaste a responsabilidade. A virtude que se proclama de servir melhor as regras é a sua "flexibilidade": prontidão em mudar repentinamente de táticas e de estilo, abandonar compromissos e lealdade sem arrependimento e buscar oportunidades mais de acordo com sua disponibilidade atual do que com as próprias preferências.[48]

Em entrevista já citada à revista "ISTOÉ", Bauman afirma que os tempos são líquidos porque tudo muda muito rapidamente. Em tempos líquidos nada é feito para durar, para ser sólido. Segundo ele, o resultado são as situações que esses tempos geram, isto é, a obsessão pelo corpo ideal, o culto às celebridades, o endividamento geral, a paranoia com a segurança e a instabilidade dos relacionamentos amorosos. É um mundo de incertezas. Pode-se dizer que é um tempo de cada um por si. Para Bauman, "nossos ancestrais eram esperançosos: quando falavam de progresso, se referiam à perspectiva de cada dia ser melhor do que o anterior". E acrescenta: "Nós estamos assustados: progresso, para nós,

[47] Cf. ibid., p. 9.
[48] Cf. ibid., p. 10.

significa uma constante ameaça de ser chutado para fora do carro em aceleração".[49]

Uma questão muito séria, hoje, é a situação dos migrantes, que vivem em condições de vulnerabilidade. Eles, que deixaram sua pátria e buscam abrigo em outros países, encontram cercas e muros erguidos. Não há escuta aos migrantes, diálogo entre os que governam. Sobre o assunto, quando perguntado sobre como fazer para ajudar os migrantes ao invés de levantar muros, Bauman disse que o Papa Francisco, sem ter a pretensão de ter a varinha mágica, convida-nos a fazer esforços justos, mas que também poderiam fracassar.[50] Cita, então, o discurso que o Papa proferiu no dia 6 de maio de 2016, na entrega do "Prêmio Carlos Magno", o qual sugere que deveria ser aprendido de cor:[51]

> Se há uma palavra que devemos repetir até nos cansarmos é esta: diálogo. Somos convidados a promover uma cultura do diálogo, buscando, com todos os meios, abrir instâncias para que ele seja possível e nos permita reconstruir o tecido social. A cultura do diálogo implica um autêntico aprendizado, uma ascese que nos ajude a reconhecer o outro como um interlocutor válido; que nos permita olhar para o estrangeiro, o migrante, o pertencente a outra cultura como um sujeito a ser ouvido, considerado e apreciado. É urgente para nós, hoje, envolver todos os atores sociais na promoção de uma "cultura que privilegie o diálogo como forma de encontro, levando adiante a busca de consenso e de acordos, mas sem separá-la da preocupação com uma sociedade justa, capaz de memória e sem exclusões" (*Evangelii Gaudium*, 239). A paz será duradoura à medida que armarmos os nossos filhos com as armas do diálogo, ensinarmos a eles a boa batalha do encontro e da negociação.[52]

Segundo Bauman, o Papa Francisco quer remover o destino da pacífica convivência dos políticos profissionais e do reino escuro da política para levá-lo

---

49 BAUMAN, Zygmunt. **Vivemos em tempos líquidos**: nada é para durar. Disponível em: <http://istoe.com.br/102755_VIVEMOS+TEMPOS+LIQUIDOS+NADA+E+PARA+DURAR+/>. Acesso em: 06/06/2017.

50 Cf. Resposta dada em uma reportagem publicada pelo jornal *Avvenire*, em 13/07/2017.

51 Cf. BAUMAN, Sygmunt. **Contra a Europa da suspeita e para encontrar saída, escutem o Papa**. Disponível em: <http://www.ihu.unisinos.br/noticias/557760-qcontra-a-europa-da-suspeita-e-para-encontrar-uma-saida-escutem-o-papaq-entrevista-com-zygmunt-bauman>. Acesso em: 06/06/2017.

52 Ibid.

para as ruas, entre as lojas e os escritórios, aos espaços públicos onde todos nós nos encontramos. Ele quer confiar as esperanças do gênero humano não aos generais do "choque de civilizações", mas a nós, soldados comuns da vida cotidiana. Para que isso aconteça, deve-se realizar outras condições, e o Papa nos lembra delas:

> A justa distribuição dos frutos da terra e do trabalho humano não é mera filantropia. É um dever moral. Se queremos pensar as nossas sociedades de um modo diferente, precisamos criar postos de trabalho digno e bem remunerado, especialmente para os jovens. Isso requer a busca de novos modelos econômicos mais inclusivos e equitativos, não orientados para o serviço de poucos, mas para o benefício das pessoas e da sociedade. E isso nos pede a passagem de uma economia líquida a uma economia social.[53]

"Eu só tenho uma palavra para acrescentar", concluiu Bauman, "amém".[54]

Mesmo vivendo em tempos líquidos, algo está sendo feito. Existem muitas vozes ainda no anonimato sendo levantadas. Segundo Bauman, são pequenos passos, talvez sopros não fortes o suficiente para romper com a armadura do ressentimento mútuo e indiferença moral de anos entre "morro" e "asfalto". Mas a escolha é, afinal, entre erguer paredes de pedra e aço ou desmantelar cercas espirituais.

Bauman, ao referir-se aos jovens, afirma: "Eu desejo que os jovens percebam razoavelmente cedo que há tanto significado na vida quando eles conseguem adicionar isso a ela através de esforço e dedicação [...]. A vida é maior que a soma de seus momentos".[55]

Pode-se perguntar: o que os tempos líquidos de Bauman têm a ver com a liturgia, uma vez que a liturgia é sólida e não líquida? Sabe-se que Bauman é

---

53 Ibid.
54 Ibid.
55 BAUMAN, Zygmunt. **Vivemos em tempos líquidos**: nada é para durar. <http://istoe.com.br/102755_VIVEMOS+TEMPOS+LIQUIDOS+NADA+E+PARA+ DURAR+/>. Acesso em: 06/06/2017.

filósofo e sociólogo. Hoje a ciência teológica é convocada a conversar e a dialogar com as outras ciências. As outras ciências têm muito a contribuir com a teologia, principalmente com a liturgia, ambiente onde a assembleia se congrega para celebrar a sua fé, alimentando pela Palavra e pela Eucaristia.

Os cristãos estão inseridos nestes tempos líquidos que cada vez mais os desesperam e angustiam. Se a ciência teológica litúrgica não estiver aberta para dialogar com as outras ciências, se tornará uma liturgia alienante, e a Palavra de Deus proclamada na liturgia não produzirá sua eficácia no coração da assembleia congregada na fé pela escuta das Escrituras. Por que o contexto em os fiéis vivem está desconectado com a realidade da comunidade celebrante. Essa conexão entre o dia a dia da comunidade e a fé celebrada é necessária. Fé e vida caminham juntas. Na assembleia litúrgica estão os navegantes que remam nessa liquidez dos tempos modernos, buscando força para poder superar os desafios apresentados. Pois bem, a seguir será trabalhado o grande desafio para o *Shemá Israel* e o *Fides ex auditu*, na liturgia.

CAPÍTULO III

DESAFIOS PARA ESCUTA NA LITURGIA

Na "sociedade líquida", a pessoa é enquanto pode consumir obsessiva e compulsivamente. Propaga-se a ideia do prazer exacerbado. Mas esse prazer é momentâneo, efêmero e volátil. Propaga-se também o "amor líquido", como Bauman intitula outra obra sua, onde diz que a alteridade dos vínculos deixa de existir e o que era sólido liquidifica pela fluidez da onda.[56] O homem é incentivado a consumir a todo momento. Quando, porém, não tem recursos para consumir, é descartado. Nesse contexto, interessa salientar o quanto a escuta da Palavra de Deus proclamada na liturgia suscita no coração do ouvinte desta época uma resposta sólida do amor de Deus. O cristão, convencido pela real intimidade que a filiação adotiva lhe dá de que é só no amor de Deus que ele é capaz de encontrar uma saída sólida para os seus problemas, pode gritar "heureca", expressão que redunda no aleluia litúrgico.[57]

A "modernidade líquida" gera exasperação nas pessoas, nunca contentes com o que são nem com o que têm. Elas valem de acordo com o que são capazes de consumir e caso satisfaçam os desejos impostos pelo consumo exacerbado. Tratadas elas próprias como objetos de consumo, quando não geram lucros, são descartadas. Seu cotidiano é carregado de sentimentos efêmeros que afetam o relacionamento consigo, com os outros e com Deus. A insatisfação permanente gera a crise existencial. A busca pelo sagrado como garantia de respostas sólidas em decorrência do vazio gerado pela liquidez do mundo moderno é uma intuição de alguma alteridade no monismo da solidão. Nesse contexto, as pessoas procuram a Igreja porque, sentindo-se vazias, buscam uma palavra de esperança, proteção e acolhida. Nesse sentido, o rito torna-se ponto de conexão com o Sagrado, com o mistério que eleva a pessoa e lhe oferece ajuda.

---

[56] Cf. BAUMAN Zygmunt. **Amor líquido**: sobre a fragilidade dos laços humanos. Rio de Janeiro: Zahar, 2004. p. 46.

[57] Cf. COSTA, Valeriano Santos. *Sentire cum Ecclesia* no Brasil. **Revista de Cultura Teológica**, ano XXIII, n. 85, p. 28, jan./jun. 2015.

No entanto, percebe-se que os cristãos enfrentam grandes desafios para vivenciarem a Sagrada Escritura proclamada na liturgia. A escuta da Palavra de Deus proclamada na liturgia sofre com as interferências dos ruídos do mundo atual. Faltam silêncio e concentração em ambientes rituais, nos templos religiosos; há desconexão dos membros da equipe de celebração e ministros despreparados para o exercício de suas funções. Tal vazio impede as pessoas de mergulharem no mistério pascal de Cristo. A tradição judaico-cristã, os Santos Padres e o Magistério oferecem propostas sólidas em favor da "Escuta da Palavra de Deus proclamada na liturgia em tempos líquidos.

Logo, pergunta-se: de que modo o Rito da Proclamação da Palavra de Deus pode ser preparado e vivenciado para que, ao invés de fortalecer a liquidez que caracteriza a modernidade atual, promova a escuta da Palavra de Deus e gere a solidez que as pessoas buscam nas celebrações? Por que a maior parte da assembleia dos fiéis e seus ministros ainda não conseguem conectar o coração e a mente com a Palavra escutada na proclamação das Sagradas Escrituras na liturgia, ou seja, por que a participação tão propalada pelo Concílio Vaticano II, em relação à Palavra proclamada, ainda carece de ser consciente, ativa e frutuosa?

Para responder a estas questões apresentadas como os grandes desafios para o escuta na liturgia hoje é preciso olhar para a própria formação dos cristãos. Falta iniciação dos fiéis nas Sagradas Escrituras e iniciação à sagrada liturgia. O Concílio Vaticano II realça a necessidade de todos que são encarregados do ministério da Palavra, sacerdotes, diáconos e catequistas, de manterem contato íntimo com as Escrituras, mediante leitura assídua e estudo apurado, a fim de que não se torne, como recorda Santo Agostinho, "por fora pregador vão da Palavra de Deus sem dentro a ouvir". Isso porque, sobretudo nas cerimônias litúrgicas, eles têm obrigação de comunicar aos fiéis as grandíssimas riquezas da Palavra divina. Todos os fiéis são exortados de maneira insistentes a aprender "a iminente ciência de Jesus Cristo" (Fl 3,8) com a leitura frequente das Escrituras. Já dizia

São Jerônimo: “Ignorar as Escrituras é ignorar Cristo”.[58] Nesse sentido, afirma o Vaticano II:

> De boa vontade tomem contato com o próprio texto, quer através da sagrada liturgia rica de palavras divinas, quer por meio de cursos apropriados e outros meios que nos tempos atuais se vão espalhando tão louvavelmente por toda parte com a aprovação e o estímulo dos Pastores da Igreja. Lembrem-se porém de que a oração deve acompanhar a leitura das Sagradas Escrituras, para que haja colóquio entre Deus e o homem; pois com ele falamos quando rezamos e a ele ouvimos quando lemos seus divinos oráculos.[59]

Sem essa iniciação ao conhecimento das Sagradas Escrituras, os desafios persistirão e a apreensão dos textos sagrados não será conseguida nem pelos que proclamam e muito menos pelos fiéis que participam das celebrações. Sente-se que a grande maioria dos cristãos batizados, hoje, não entende os textos bíblicos proclamados na liturgia por não receberem uma iniciação à compreensão e à escuta da Palavra de Deus, como acontecia nos primeiros séculos do cristianismo, conforme destacado no segundo capítulo sobre a escuta da Palavra de Deus nas catequeses litúrgico-mistagógicas. Apesar dos grandes esforços, ainda continua essa deficiência.

Quanto à iniciação da sagrada liturgia, o Concílio Vaticano II diz que em todas as celebrações litúrgicas, no desempenho de sua função, façam somente aquilo e tudo aquilo que convém à natureza da ação, de acordo com as normas litúrgicas. E os que exercem um verdadeiro ministério litúrgico (acólitos, leitores, comentadores e cantores), desde cedo, estejam todos imbuídos do espírito da liturgia e sejam devidamente iniciados no desempenho correto de seus respectivos papéis, com devoção e ordenadamente como convém à dignidade do ministério e ao que o povo de Deus deles exige, com todo o direito.[60] Percebe-se que o Concílio estimula a iniciação e a formação para os que servem na liturgia. Insiste também

---

[58] DV, n. 25.
[59] DV, n. 25.
[60] Cf. SC, 28-29.

que se deve "promover a participação ativa do povo nas celebrações e que nos momentos devidos seja guardado o silêncio sagrado".[61]

Nesse sentido, não basta uma mera distribuição de tarefas ou funções como muitas vezes ocorre, fazendo com que as pessoas apenas executem funções e não sejam verdadeiros agentes da ação litúrgica.[62] Daí a necessidade de envolver a comunidade de modo mais amplo e mais ativo na preparação das ações da sagrada liturgia, na preparação prévia das leituras bíblicas. As Equipes de Celebração têm um papel importante na vida da comunidade, sob a orientação da Pastoral Litúrgica. Elas são encarregadas de preparar, animar e integrar os diversos serviços nas celebrações litúrgicas, tais como o acolhimento fraterno, a presidência, a animação, o canto, a proclamação das leituras e outros. Convém que delas participem o padre, crianças, adolescentes, jovens, homens e mulheres, acompanhados de uma boa formação litúrgica.[63] Cabe às equipes preparar a celebração, situá-la no tempo litúrgico e na realidade da vida da comunidade; ler e refletir os textos bíblicos; prever os comentários, orações, cantos, gestos e as expressões simbólicas que a vida da comunidade e a Palavra de Deus sugerem; elaborar o roteiro da celebração; e distribuir as funções visando à participação ativa de toda a assembleia.[64]

Para que os fiéis cheguem a adquirir uma estima viva das Sagradas Escrituras pela audição das leituras divinas, os documentos do Magistério da Igreja salientam a necessidade da preparação cuidadosa dos leitores, mesmo que eles não sejam instituídos oficialmente no ministério de leitor, para desempenhar com aptidão esse nobre ministério. Portanto, a iniciação e a formação dos leitores devem ser em primeiro lugar espirituais, mas é necessária também a preparação

---

[61] SC, n. 30.
[62] Cf. CNBB. Doc 43. **Animação da vida litúrgica no Brasil**. São Paulo: Paulinas, 2006. n. 213.
[63] Cf. ibid., n. 214-218.
[64] Cf. CNBB. Doc. 52. **Orientações para a celebração da Palavra de Deus**. São Paulo: Paulinas, 2011. n. 43.

técnica. Vale salientar que a preparação espiritual supõe pelo menos dupla instrução: Bíblica e litúrgica.[65]

A instrução bíblica deve encaminhar-se no sentido de que os leitores possam compreender as leituras em seu contexto próprio à luz da fé, núcleo central da mensagem revelada. A formação litúrgica deve levá-los à compreensão c certa percepção do sentido e da estrutura da Liturgia da Palavra e a relação entre a liturgia da eucarística[66] e demais sacramentos e sacramentais. A preparação técnica deve capacitar os leitores para que se tornem sempre mais aptos na arte de ler diante do povo, seja de viva voz, seja com a ajuda de instrumentos modernos para a amplificação da voz. O que foi dito para a iniciação e a formação dos leitores vale também para todos os que exercem ministérios na liturgia.[67] O Papa Bento XVI, em sua exortação pós-sinodal, fez o seguinte eco dos Padres sinodais, quando falaram da necessidade de cuidar, com adequada formação, dos que exercem a função de leitor na celebração litúrgica:

> O ministério do leitorado que, enquanto tal, no rito latino, é ministério laical. É necessário que os leitores encarregados de tal serviço, ainda que não tenham recebido a instituição no mesmo, sejam verdadeiramente idôneos e preparados com empenho. Tal preparação deve ser não apenas bíblica e litúrgica, mas também técnica.[68]

Nesse sentido, há um caminho longo e desafiador na dinâmica iniciática e formativa dos que exercem ministérios na liturgia, o qual exige cuidados especiais. Fala-se de um especial cuidado com a proclamação da Palavra de Deus na liturgia, em virtude da mística da primazia da escuta. Além da disposição inspirada dos fiéis, supõe atitudes adequadas que competem à comunidade propor,

---

[65] Cf. CONGREGAÇÃO PARA O CULTO DIVINO E A DISCIPLINA DOS SACRAMENTOS. **Instrução Geral ao Missal Romano e Introdução ao Lecionário**. Brasília: CNBB, 2016. n. 55. p. 210.
[66] Cf. ibid., n. 55.
[67] Cf. ibid., n. 55-57.
[68] VD, n. 58.

exigir e defender.[69] Daí a necessidade de algumas atitudes importantes como precioso instrumento litúrgico.

A primeira atitude é o silêncio sagrado em uma cultura do barulho. Elemento precioso na liturgia, como já trabalhado no segundo capítulo. O silêncio como mística cria um clima sacramental elevado e orante na celebração litúrgica, propiciando a comunicação com o transcendente. O aspecto sacramental do silêncio se torna evidente em certos momentos da celebração, mas o silêncio está presente, mantendo sempre a atenção e a abertura para Deus em todos os momentos. Concentrar e prestar atenção na liturgia da Palavra é fundamental para que a celebração se torne experiência de salvação para o ouvinte. Todo ruído e movimento inadequados quebram o silêncio sagrado. Então, é imprescindível a discrição. Só a Palavra deve chamar a atenção.[70]

A segunda atitude é a iniciação e a formação dos leitores na liturgia. Leitores bem preparados contribuem para uma adequada comunicação da Palavra de Deus à assembleia, pelo jeito de proclamar as leituras. Daí a necessidade da preparação espiritual dos leitores em primeiro lugar, sem menosprezar a preparação técnica. Os próprios leitores devem compreender o que leem e tomar parte ativa, considerando que Deus fala em primeiro plano para eles mesmos. Nesse sentido, ressalta a necessidade da iniciação e da formação bíblica dos leitores, além do conhecimento da sagrada liturgia, na qual exercem um ministério importante. No entanto, percebe-se que há muito por fazer. A reforma do Concílio Vaticano II devolveu o ministério de leitores leigos, mas ainda não se conseguiu implantar uma mística adequada.[71] Eis o desafio para escutar na liturgia.

A terceira atitude refere-se à preparação e ao aprimoramento dos meios técnicos dos leitores a serviço da escuta. Percebe-se um grande investimento na arte visual e pouco investimento na arte auditiva. O campo do ouvir está muito

---

[69] Cf. COSTA, Valeriano Santos. **Celebrar a Eucaristia**: tempo de restaurar a vida. São Paulo: Paulinas, 2006. p. 48.
[70] Cf. ibid., p. 48-49.
[71] Cf. ibid., p. 49.

carente. Basta analisar a acústica das igrejas, a falta de sensibilidade auditiva no exercício da liturgia, o descuido em relação ao silêncio, o descurar da arte musical, da ornamentação etc. Esquece-se de que na liturgia da Palavra a primazia é a escuta.[72]

A reforma litúrgica pede que todas as palavras sejam ouvidas claramente, pois faz parte do caráter sacramental da liturgia. Todo e qualquer ruído irritante dificulta a comunicação da comunidade reunida com Deus. Um momento tão precioso pode ser prejudicado pela falta de um cuidado dessa natureza. Constata-se então uma teologia litúrgica frágil na "cultura católica". A Palavra de Deus proclamada sem o devido cuidado não pode ser alegria do coração nem instrumento eficaz da salvação.[73] Aí está outro desafio para a escuta na liturgia, que pode ser superado com essas três atitudes apresentadas.

O Papa João Paulo II, em 2004, na sua Carta Apostólica *Mane Nobiscum Domine*, para o Ano da Eucaristia, afirma que não adianta que as passagens bíblicas sejam proclamadas em uma língua compreensível, se a mesma não ocorre com aquele cuidado, aquela preparação prévia, aquela escuta devota, aquele silêncio meditativo, que são necessários para que a Palavra de Deus toque a vida e a ilumine.[74] Percebe-se mais uma vez a importância da formação espiritual, bíblico-litúrgica e técnica dos que estão a serviço da liturgia. Essa formação dos leitores e demais ministros deve ser permanente, ajudando-os a viver e a mergulhar no Mistério Pascal de Cristo celebrado na escuta da Palavra de Deus, que é fonte e cume de toda ação litúrgica da Igreja.[75]

A revista "Família Cristã", por ocasião da celebração dos 500 anos de presença da Igreja Católica no Brasil, publicou uma entrevista com o ator de teatro Paulo Autran, na seção Comunicação na Liturgia, que merece ser contemplada aqui. Nessa entrevista, ele afirma que os textos bíblicos são de uma elevação tão

---

[72] Cf. ibid.
[73] Cf. ibid., p. 49-50.
[74] Cf. MND. n. 13.
[75] Cf. SC, n. 10.

grande que necessita de certa concentração quando os lê, principalmente, se tomar consciência de que as pessoas que estão ouvindo precisam entender o que se está lendo e que as cerimônias religiosas devem propor um momento de elevação espiritual. Ele acrescenta, ainda, que são necessários unção, entusiasmo interior e convicção absoluta, pois, segundo ele, isso pode tocar até aquelas pessoas que não creem no que se diz.[76] Ele diz ainda que o gesto deve vir de dentro e naturalmente, porque, quando premeditado, é falso; e o silêncio é indispensável, não longo, mas uma pausa que valoriza o que se acabou de dizer e o que se vai dizer em seguida.[77]

Todos que exercem ministério na celebração necessitam estar conscientes de sua função ministerial. Viver o que está proclamando, deixar ser tocado interiormente e escutar com o coração. Quando se vive em profundidade o que se comunica, emociona os outros e a si mesmo.[78] "O que mais contribui para uma adequada comunicação da Palavra de Deus à assembleia por meio das leituras é a própria maneira de ler dos leitores, que devem fazê-lo em voz alta e clara, e com conhecimento do que leem."[79] O leitor consciente da importância de sua função ministerial busca aperfeiçoar-se por meio da técnica, como a vocalização, a dicção, a emissão e a modulação da voz, o ritmo da leitura e a postura corporal, para proclamar com fé viva a Palavra de Deus na liturgia, como acontecimento novo, único e irrepetível.[80]

Mediante o que vem sendo destacado, é inconcebível uma proclamação da Palavra de Deus sem entusiasmo, autoconsciência e uma convicção que proceda do coração. Bem-aventurado o que reconhece o texto (o leitor) e bem-aventurados os que escutam (Ap 1,3): isso faz muito sentido! Primeiro deve haver um leitor convicto e depois um ouvinte interessado. Pode até acontecer de uma pessoa fazer

---

[76] Cf. AUTRAN, Paulo. Comunicação na liturgia: entrevista com um homem do teatro. **Revista Família Cristã**, n. 18, p. 287-289, 2001. Suplemento Nossa História: 500 anos de presença da Igreja no Brasil.

[77] Cf. ibid., p. 290.

[78] Cf. CORAZZA, Helena. **A comunicação e a liturgia na comunidade e na mídia**. São Paulo: Paulinas, 2005. p. 40.

[79] CONGREGAÇÃO PARA O CULTO DIVINO E A DISCIPLINA DOS SACRAMENTOS. Op. cit., n. 14. p.196.

[80] Cf. CELAM. **Manual de liturgia II**: a celebração do Mistério Pascal. São Paulo: Paulus, 2005. p. 165-166.

uma perfeita leitura do texto bíblico se estiver convencido do que está lendo. Mas do Ministro da Palavra de Deus espera-se uma atuação espiritual, animada pela força que vem de dentro, do coração, própria de quem se sente tocado pela palavra que pronuncia. O leitor litúrgico que não transmite vibração nem convicção à assembleia dá mostra de um desempenho deficiente de seu ministério. Quem proclama a Palavra de Deus deve ter a consciência de que está anunciando a Boa-Nova da salvação. Dessa forma, o rosto, a voz, a postura do proclamador devem expressar o sentimento do próprio texto sagrado. Quando se tem essa convicção, abre-se caminho para a compreensão e a vivência do mistério anunciado.[81]

Na liturgia, segundo Dionisio Borobio, é Deus quem fala ao povo. Essa ação de Deus passa pela pessoa concreta do leitor. No exercício de seu mistério, o leitor deve evitar a teatralidade, a recitação impessoal, neutra, monótona e uniforme. Daí decorre a necessidade de preparar seriamente aquele que lê a palavra na celebração litúrgica.[82] A proclamação da Palavra suscita participação ativa e consciente dos fiéis, isto é, uma resposta de vida. Por meio da própria Palavra de Deus escutada e meditada, os fiéis podem dar uma resposta plena de fé, esperança e amor, de oração e entrega de si mesmos, não só no momento celebrativo, mas também em toda a vida cristã.

Aquele que proclama a Palavra de Deus na assembleia transforma a "palavra escrita" em "palavra viva", acolhida pelo ouvido e pelo coração da comunidade. Portanto, o "leitor" torna-se o anunciador da Palavra de Deus à comunidade reunida.[83] Ele é responsável pela palavra que proclama. Portanto, espera-se do ministro da Palavra de Deus uma atuação espiritual, isto é, animada pela força que vem de dentro, do coração, própria de quem se sente tocado pela palavra que

---

[81] Cf. ibid., p. 173-174.
[82] Cf. BOROBIO, Dionisio. **A celebração na Igreja**: liturgia e sacramentologia fundamental. São Paulo: Loyola, 1990. vol. 1, p. 194.
[83] Cf. CELAM. **Manual de liturgia II**. Op. cit., p. 172.

pronuncia. O leitor litúrgico que não transmite vibração nem convicção à assembleia dá mostras de um desempenho deficiente de seu ministério.[84]

Por outro lado, quem proclama a Palavra de Deus deve ter consciência de que anuncia sempre uma Boa-Nova. Dessa forma, seu rosto, sua voz, sua postura e tudo nele devem expressar essa feliz novidade. Quando a Palavra é proclamada com os sentimentos que correspondem à sua mensagem (alegria, esperança, tristeza, ameaça), abre-se o caminho para a compreensão e a vivência do mistério anunciado. O que serve para o leitor vale também para o salmista, cantor, animador, comentador; enfim, serve para todos que têm função na liturgia.[85]

Interessa ver na liturgia o cume para onde tende toda a ação da Igreja e a fonte de onde promana a sua força, e tornar concreta por meio do louvor a Deus a fé abraçada no dia do Batismo.[86] A celebração litúrgica da Palavra expressa o verdadeiro encontro com Deus e com os irmãos. É uma festa de comunhão eclesial e de fortalecimento da Igreja em saída, a peregrinar no compromisso da vida cristã. Daí a necessidade de dar especial atenção à liturgia dominical da Palavra, como afirma o Documento de Aparecida:

> Com profundo afeto pastoral, queremos dizer às milhares de comunidades com seus milhões de membros que não têm oportunidades de participar da Eucaristia dominical, que também elas podem e devem viver "segundo o domingo". Podem alimentar seu já admirável espírito missionário participando da "celebração dominical da Palavra", que faz presente o Mistério Pascal no amor que congrega (1Jo 3,14), na Palavra acolhida (Jo 5,24-25) e na oração comunitária (Mt 18,20).[87]

A perspectiva é de que na liturgia dominical da Palavra se celebre a fé com expressões culturais, obedecendo a uma sadia criatividade com adaptações adequadas, particularmente ao povo simples (grupos populares); uma especial atenção e cuidado para não instrumentalizar a liturgia para fins alheios a sua

[84] Cf. ibid., p. 174.
[85] Cf. ibid., p. 174.
[86] Cf. SC, n. 10.
[87] DAp. n. 253.

natureza e evitar qualquer arbitrariedade nas celebrações litúrgicas. O "Documento de Aparecida" incentiva também promover a "pastoral do domingo e dar a ela prioridade nos programas pastorais".[88]

O estudo da função catequética e evangelizadora da liturgia e a organização e formação dos agentes de pastoral litúrgica e equipes de celebração, por meio de uma autêntica teologia, os levarão a um compromisso vital com a comunidade. Para os que exercem os diversos ministérios na liturgia, abrem-se caminhos para o aprimoramento de sua função ministerial no campo da espiritualidade e da mística nas celebrações litúrgicas.

Nesse sentido, entre tantas alternativas, um dos caminhos para superar os desafios da escuta na liturgia hoje será investir sem medo de errar, com toda força e coragem, na formação dos agentes de pastoral litúrgica e nos membros de equipes de celebração nas dioceses, paróquias e comunidades. Um investimento a partir da iniciação às Sagradas Escrituras e à liturgia, sem perder de vista a dimensão espiritual e técnica, como bem mencionado anteriormente pelo magistério da Igreja.

Esse parece ser um caminho sólido que privilegiará e promoverá a escuta da Palavra de Deus, gerando a solidez da fé que vem pela audição, passa pelos sentidos, até chegar à compreensão da mente e do coração dos ouvintes, isto é, daquele que proclama e da assembleia que escuta. Daí então o grande apelo tão propalado pelo Concílio Vaticano II, com relação à participação plena, consciente, ativa e frutuosa, será uma realidade na escuta da Palavra de Deus proclamada na liturgia, em tempos líquidos.

As reflexões apresentadas até o momento aparecem como luzes para ajudar ministros e fiéis a compreender que, por meio da escuta atenta e devota da Palavra de Deus na liturgia, a participação plena, consciente, ativa e frutuosa, tão propalada pela *Sacrosanctum Concilium*, é possível. Os elementos apresentados

---

[88] DAp. n. 252.

favorecem a sacramentalidade na escuta da Palavra de Deus, tanto na vida do leitor quanto na vida dos fiéis, a partir do que foi descrito, nesta pesquisa, da tradição judaico-cristã, de alguns Padres da Igreja e do Magistério.

Algumas sugestões já foram elencadas no decorrer desta pesquisa como estratégias capazes de viabilizar melhores resultados para a conexão com a palavra celebrada, na linha de uma escuta plena, consciente, ativa e frutuosa na liturgia, despertando e estimulando a todos para a necessidade de uma cuidadosa preparação iniciática e permanente dos fiéis e dos ministros que servem na liturgia. Existem desafios atuais que perturbam muito os ambientes celebrativos. O próximo passo, então, é trazer para a reflexão esses desafios que causam interferência e prejudicam as pessoas de escutarem a Palavra de Deus na liturgia.

CAPÍTULO IV

DESAFIOS PARA A ESCUTA NA LITURGIA HOJE

É provável que, quando os ministros não se preocupam em eliminar os ruídos nos ambientes sagrados, favorecem a liquidez na celebração ritual da Palavra. Para que se criem estratégias que viabilizem a solidez da escuta da Palavra de Deus, os ministros necessitam de uma iniciação à cultura do silêncio para fortalecer a cultura do encontro na escuta da Palavra de Deus. Sem esse encontro silencioso para a escuta do Verbo, como poderá a assembleia escutá-Lo? Também pode ser que não falte apenas formação no sentido de instrução, mas de espiritualidade mesmo. Esta conduz à vivência mistagógica e ao silêncio do coração reverente.

Constata-se, porém, alguns desafios para a escuta como princípio operativo-litúrgico nos dias atuais. Alguns elementos já foram trabalhados nos capítulos anteriores e outros cabem ser destacados neste momento para reflexão e propostas a serem levadas em consideração no processo de melhorias do espaço sagrado, onde os fiéis se reúnem para escutar a Palavra de Deus na celebração do Mistério Pascal de Cristo. E tem o objetivo de demonstrar que os tempos líquidos geram situações líquidas, tanto para ministros quanto para fiéis, as quais podem ser superadas por meio de uma formação iniciática bíblico-teológica, litúrgico-mistagógica, espiritual e técnica.

Não se trata aqui de elencar todos os elementos que compõem o espaço celebrativo. Destacar-se-á, apenas, alguns elementos que favorecem a escuta na liturgia e alguns entre tantos que causam ruídos, impedindo os fiéis de se conectarem para escuta da Palavra de Deus. Sabe-se que o templo é um espaço sagrado, um ambiente que conduz a comunidade dos fiéis à beleza de Deus. É o lugar do encontro, da acolhida e da escuta do Senhor. Neste ambiente sagrado os cristãos se reúnem para celebrar a fé. É neste local sagrado que as pessoas, antes de iniciar qualquer ação sagrada, já são conduzidas ao encontro e à escuta do

Senhor, por meio da oração pessoal e silenciosa. Por esse motivo, o lugar onde as pessoas se reúnem para celebrar as ações litúrgicas merece uma atenção especial neste momento, porque ele favorece e conduz à escuta da Palavra do Senhor. Qualquer ruído, por menor que seja, pode interferir e causar distração e a desconexão das pessoas na escuta da Palavra de Deus proclamada na liturgia.

O capítulo VII da *Sacrosanctum Concilium* fala da dignidade da arte sacra e das sagradas alfaias. O documento traça algumas normas sobre o seu uso nas funções sagradas. Ele fala da arte da cor, sobretudo do lugar das artes plásticas e da arquitetura a serviço da sagrada liturgia. Toda a temática da beleza da arte sacra na liturgia tem a ver com o sagrado, com o religioso, o cristão e o litúrgico. A arte é considerada cristã quando seu objetivo é extraído da fé cristã. Em si, a arte já é a expressão do belo, do divino. Na liturgia, a arte, em suas mais variadas expressões, como a pintura, os mosaicos, os vitrais, os azulejos, a escultura e a arquitetura, constituem sinais litúrgicos, sinais simbólicos dos mistérios celebrados. São sinais sensíveis e significativos do sacerdócio de Cristo exercido principalmente no Mistério Pascal de sua morte e ressurreição. Eles fazem parte e constituem ritos comemorativos.[89]

A expressão máxima da arte religiosa é a arte sacra, que, por sua vez, faz parte das artes liberais, consideradas dentre as mais altas realizações das habilidades humanas. Por sua natureza está voltada para a manifestação da beleza divina em formas humanas, para o louvor e a glória de Deus, não tendo senão o objetivo de orientar piedosamente para Deus a mente humana e contribuir para sua conversão. Nesse sentido, a Igreja sempre favoreceu as artes liberais e os artistas pelo serviço que prestam, para que sejam dignas, decorosas e belas as coisas utilizadas para o serviço divino, como sinais e símbolos das realidades do alto. Portanto, a Igreja, como juíza, procurou sempre discernir, entre as obras artísticas, as que mais convinham à fé e às exigências da piedade tradicional, para

[89] Cf. BECKHÄUSER, Alberto. **Sacrosanctum Concilium**: texto e comentário. São Paulo: Paulinas, 2012. Comentários de rodapé, p. 145-146.

serem aptas a servir ao culto. A Igreja sempre olhou com muito cuidado para os objetos do culto, para que fossem dignos e decorosos, analisando todas as modificações de matéria, de forma e de ornamentação, e admitindo inovações de acordo com o progresso da técnica, no decurso do tempo.[90]

O Concílio coloca as belas artes como as mais nobres atividades do espírito humano. Elas podem ser religiosas, sacras e litúrgicas, por fazer parte da ação litúrgica. Por sua natureza estão relacionadas à beleza de Deus. Por esse motivo, podem dedicar-se a Deus, a seu louvor e à exaltação de sua glória, bem como contribuir na sincera conversão dos corações humanos a Deus. A Igreja, como amiga das belas artes, procurou sempre instruir os artistas no seu nobre ministério das belas artes, para que os objetos pertencentes ao culto divino fossem dignos, decentes e belos, sinais e símbolos das coisas do alto. No entanto, nem toda arte é própria para a Sagrada Liturgia. Ela pode ser sacra para expressar o sagrado, o divino, o absoluto, mas não necessariamente litúrgica. É neste sentido que a Igreja procurou distinguir, dentre as obras de arte, quais convinham à fé, à piedade. Considerou-se inclusive juiz sobre elas, definindo quais eram apropriadas ao uso sagrado ou litúrgico.[91]

Após falar da beleza, nobreza, dignidade e decoro das belas artes, cabe ressaltar a importância arquitetônica do espaço litúrgico. A Igreja como edifício não é uma realidade neutra. Ela está marcada pela liturgia que ali se celebra, assim como as liturgias são influenciadas por ela. O local onde os cristãos se reúnem para celebrar o Senhor, escutá-lo, é qualificado pela celebração e, ao mesmo tempo, influencia a própria celebração. A arquitetura influencia muito o espaço sagrado. Ele pode conduzir as pessoas a comportamentos diversos. Ele interpela, conduz, provoca quem nele entra. Tudo harmonicamente ordenado neste espaço orienta-se para o silêncio, o encontro, a escuta. A arquitetura, a iluminação, as

---

90 Cf. SC, n. 122.
91 Cf. BECKHÄUSER, Alberto. Op. cit., p. 146-147.

cores, a acústica conduzem ao mistério sagrado, marcando de modo indelével um lugar que fala de Deus, escuta Deus e encontra-O.[92]

Esse lugar qualifica a liturgia que ali se desenvolve, assinalado pelas celebrações e suas assembleias. A igreja é essencialmente um lugar pascal, lugar do batismo, da escuta da Palavra e da celebração da Eucaristia. Como lugar pascal é significante pelo mistério cristão ali celebrado, no qual a assembleia se encontra com o seu Senhor. Significante pela fé dos cristãos que precederam até os cristãos de hoje. Significante pelo modo em que a fé é vivida na cultura hoje. Esse espaço vazio e de presença ao mesmo tempo é como epifania do mistério cristão. Pertence à mediação da fé cristã e comunica a identidade da comunidade que ali celebra. Os que ali entram podem ser tocados pelo sagrado. A harmonia do espaço abraça, acolhe e toca os que entram neste ambiente, porque dele emana a espiritualidade que se respira, eleva a alma e se revela ao mesmo tempo.[93]

No entanto, qualquer ruído que seja pode bloquear o silêncio, impedindo a escuta e o encontro com o Senhor. Como, por exemplo, uma toalha torta no altar, um cartaz na mesa da Palavra ou na toalha do altar, uma faixa, *banners*, flâmulas que se colocam no alto do presbitério para convidar para as festas da paróquia ou motivar o fiel a entregar o dízimo, o aparelho de *datashows* com sua tela, flores murchas, flores em excesso ou artificiais, música alta, castiçais sujos, iluminação em excesso, cores fortes, imagens em excesso ou desproporcionais ao espaço, muitas informações que poluem o ambiente, cansam e distraem. Esses, entre tantos outros, são os desafios dos tempos atuais nos espaços sagrados que ensurdecem as pessoas, impedindo-as de escutar e serem acolhidas pelo Senhor.

Geralmente, quando se entra em algumas igrejas, as primeiras impressões são as que ficam, e daí se pode ter uma ideia do local. Os cartazes afixados na entrada do edifício são atuais ou antigos? E a segunda porta, é acolhedora ou é

---

92 Cf. CENTRO NACIONAL DE PASTORAL LITÚRGICA (França). **A arte de celebrar**: guia pastoral. Brasília: CNBB, 2015. p. 75.

93 Cf. ibid., p. 77-78.

uma verdadeira prova? É um lugar que dá testemunho do Deus vivo ou de um Deus superado, ou mesmo abandonado? Pela decoração do espaço revela-se a dignidade e a impressão aos que ali entram.[94] A ornamentação da igreja deve visar mais à nobre simplicidade do que à pompa. Deve-se cuidar da autenticidade dos materiais e assegurar a educação dos fiéis e a dignidade do espaço sagrado. Requer ainda, para melhor organização e dignidade do espaço na igreja, que fique à vista apenas o que se refere às ações sagradas e tudo que contribua para a comodidade dos fiéis, como se costuma providenciar nos lugares onde se realizam reuniões do povo.[95]

Para Baitello, como já mencionado anteriormente, a saturação de imagens bloqueia os outros sentidos, inclusive o da audição. A audição constrói nexos, desvenda os sentidos. Constata-se o resgate e a necessidade de uma nova cultura do ouvir, um novo desenvolvimento da percepção humana para as relações e nexos profundos para os sentidos e para o sentir.[96] O cuidado com os projetos arquitetônicos de construção, reformas, manutenção e ornamentação das igrejas necessitam favorecer a cultura do ouvir.

Com relação à disposição geral do edifício sagrado, onde o povo de Deus se reúne para constituir uma assembleia orgânica e hierárquica pela diversidade de funções ministeriais nas ações litúrgicas, convém que o espaço celebrativo ofereça uma imagem da assembleia reunida pela conveniente disposição de todas as coisas que favoreçam a cada um exercer corretamente a sua função ministerial. Cada um dos fiéis e ministros ocupará o seu devido lugar, o que favorecerá a participação ativa na liturgia. Tudo isso, além de exprimir a ordenação hierárquica e a diversidade das funções, deve constituir uma unidade íntima e coerente pela qual manifeste com evidência a unidade de todo o povo de Deus. Que a natureza e a

---

94 Cf. ibid., p. 79.
95 Cf. CONGREGAÇÃO PARA O CULTO DIVINO E A DISCIPLINA DOS SACRAMENTOS. Op. cit., n. 292-293. p. 114.
96 Cf. BAITELLO JUNIOR, Norval. Op. cit., p. 146.

beleza do local e de todas as alfaiais alimentem a piedade dos fiéis e manifestem a santidade dos mistérios celebrados![97]

Portanto, o presbitério é o lugar onde se encontra localizado o altar, onde é proclamada a Palavra de Deus; nele os sacerdotes e demais ministros exercem seu ministério. Convém que o presbitério seja bastante amplo, distinga-se de toda a igreja por alguma elevação ou especial estrutura e ornato, facilitando o desenrolar da celebração da Eucaristia. É um espaço delimitado que deve ser comodamente visto por todos,[98] por isso, estar elevado. Essa elevação não pode dar a ideia de dominação nem parecer um palco, com iluminação e amplificação que possa acentuar este aspecto. Se é verdade que os profissionais do espetáculo podem sempre dar esses bons conselhos, seja pela disposição dos lugares, seja pelos atos de comunicação que ali se realizam, deve-se, todavia, estar conscientes de que o presbitério não se trata de um lugar de representação, mas de um espaço de encontro entre Deus que convoca o seu povo e se faz presente para ele na Palavra, nos sacramentos, na assembleia reunida e no seu ministro ordenado.[99]

Nesse sentido, o altar no centro do presbitério é sinal do lugar do sacrifício da cruz, a mesa do Senhor e o centro da ação de graças que se realiza pela Eucaristia. Orienta-se que em toda igreja tenha um altar fixo para significar de modo mais claro e permanente Jesus Cristo, pedra viva (1Pd 2,4; Ef 2,20). Tanto o altar fixo como o móvel seja dedicado conforme o rito apresentado no Pontifical Romano: o altar móvel pode ser apenas abençoado; contudo, o material da mesa do altar fixo seja de pedra natural. Pode-se também usar outro material digno, sólido e esmeradamente trabalhado, a juízo das Conferências dos Bispos. Os pés do altar podem ser feitos de qualquer material, contanto que seja digno e sólido. Nas igrejas, quando o altar antigo estiver colocado de forma que não facilite a participação do povo nem possa ser transferido por causa do seu valor artístico,

---

97 Cf. CONGREGAÇÃO PARA O CULTO DIVINO E A DISCIPLINA DOS SACRAMENTOS. Op. cit., n. 294. p. 114.
98 Cf. ibid., n. 295. p. 114.
99 Cf. CENTRO NACIONAL DE PASTORAL LITÚRGICA (França). Op. cit., p. 81.

seja construído um outro altar fixo com valor artístico, a ser devidamente dedicado, e somente nele se realizem as sagradas celebrações. Para não distrair a atenção dos fiéis do novo altar, o altar antigo não seja ornado de modo especial.[100]

Sobre o altar seja colocada ao menos uma toalha de cor branca, que combine com seu formato, tamanho e decoração, e somente aquelas coisas que se requerem para a celebração da missa: o Evangeliário, do início da celebração até a proclamação do Evangelho; na apresentação das oferendas até a purificação dos vasos sagrados, o cálice com a patena, o cibório, se necessário e, finalmente, o corporal, o purificatório, a pala e o Missal. Disponha-se de modo discreto os aparelhos que possam ajudar a amplificar a voz do sacerdote. Os castiçais sejam colocados como parecer melhor, sobre o altar ou junto dele, levando em consideração o tamanho do altar, do presbitério, de modo a formar um conjunto harmonioso e que não impeçam os fiéis de ver aquilo que se realiza ou se coloca sobre o altar. Haja também sobre o altar ou perto dele uma cruz com a imagem do Cristo crucificado, que seja bem visível para o povo reunido. Convém que essa cruz permaneça junto ao altar também fora das celebrações litúrgicas.[101]

Com relação ao ambão, é espaço que revela a dignidade da Palavra de Deus na igreja de onde anuncia as Sagradas Escrituras e para onde se volta espontaneamente a atenção dos fiéis no momento da Liturgia da Palavra. De modo geral, convém que este lugar seja de uma estrutura estável e não uma simples estante, e disposto de tal modo em relação à forma da igreja que os ministros ordenados e os leitores possam ser vistos e ouvidos facilmente pelos fiéis. Do ambão são proferidas somente as leituras, o salmo responsorial e o precônio pascal; também se pode proferir a homilia, as intenções da oração universal e as preces dos fiéis. Convém que o ambão seja abençoado antes de ser destinado ao uso litúrgico, conforme o rito proposto no Ritual Romano.[102]

---

[100] Cf. CONGREGAÇÃO PARA O CULTO DIVINO E A DISCIPLINA DOS SACRAMENTOS. Op. cit., n. 296-303. p. 115-117.
[101] Cf. ibid., n. 304-308. p. 117-118.
[102] Cf. ibid., n. 309. p. 118.

Vale lembrar que a mesa da Palavra está intimamente ligada à mesa eucarística e constitui um só ato de culto. Na missa se prepara tanto a mesa da Palavra de Deus como a do corpo de Cristo, para ensinar e alimentar os fiéis.[103] Aconselha-se que o ambão esteja em harmonia com o altar para ser, *de per si*, uma polo litúrgico, manifestando plenamente Jesus Cristo, Verbo de Deus, que se oferece à assembleia reunida para a aliança eterna, interpelando-a para suscitar a sua resposta. Retomando uma imagem antiguíssima das duas tábuas da Lei, usadas pelos Padres da Igreja, insiste-se que a forma do ambão corresponda à do altar, como sinal da íntima ligação da mesa da Palavra com a mesa eucarística.[104] Entretanto, requer-se um cuidado especial com o ambão, para não ser usado para outra finalidade que não as próprias: fazer as monições, acolhidas, fazer orações, animação dos cantos, homenagens e avisos.[105] O ambão sinaliza a importância da escuta da palavra. Ele é sólido e estável como a Palavra proclamada.[106]

A cadeira do sacerdote celebrante deve manifestar a função deste de presidir a assembleia e a oração. Seu lugar mais apropriado é de frente para o povo, no fundo do presbitério, a não ser que outras circunstâncias o impeçam, como, por exemplo, dificultar a comunicação com os fiéis por causa da distância, ou se o sacrário ocupar o lugar central do presbitério atrás do altar. Evite-se toda espécie de trono. Antes de ser destinada ao uso litúrgico, convém que seja abençoada segundo o rito descrito no Ritual Romano.[107] Essa cadeira não é só o local de o sacerdote presidente sentar; é também o local onde se abrem e se concluem as celebrações, e no qual se preside a liturgia da Palavra (escuta das leituras, profissão de fé, oração universal). Na maioria das vezes, a ausência de um microfone e de uma estante faz com que a cadeira da presidência sirva somente para sentar-se.[108]

---

103 Cf. SC, n. 48 e 51. DV, n. 21; PO, n. 4.
104 Cf. CENTRO NACIONAL DE PASTORAL LITÚRGICA (França). Op. cit., p. 82-83.
105 Cf. ibid., p. 118.
106 Cf. ibid., p. 131.
107 Cf. CONGREGAÇÃO PARA O CULTO DIVINO E A DISCIPLINA DOS SACRAMENTOS. Op. cit., n. 310. p. 118-119.
108 Cf. CENTRO NACIONAL DE PASTORAL LITÚRGICA (França). Op. cit., p. 118.

Os bancos da assembleia são demonstrações do lugar da assembleia reunida, formando um só grupo de irmãos (At 1,5) que escuta a Palavra de Deus e a ela responde antes de participar do banquete nupcial do Cordeiro. A igreja distingue-se em quatro áreas: o centro, o altar; em torno dele a cadeira do presidente; o ambão, lugar da proclamação da Palavra de Deus; e o lugar dos fiéis. O presbitério deve aparecer como o coração de uma ação na qual todos colaboram, e não como a tribuna de uma sala de encontros ou o patamar de uma sala de aula ou palco de *shows*. A ornamentação que ocupa esse espaço deve ser eloquente, deve dizer por si só para que foi feita.[109]

A *Sacrosanctum Concilium*, ao falar da arte sacra e das vestes sagradas, afirma: "Ao promover e favorecer a arte sacra, as autoridades locais devem visar à beleza nobre, mais do que a suntuosidade. Diga-se o mesmo no que se refere às vestes sagradas e aos paramentos".[110] Fala ainda que os bispos devem afastar das igrejas e lugares sagrados trabalhos artísticos que contrariam a fé, os costumes ou a piedade cristã, ou que ofendam o senso religioso, pela impropriedade das formas, insuficiência da arte, mediocridade ou dissimulação. As novas igrejas devem ser apropriadas às celebrações litúrgicas com a participação ativa dos fiéis.[111]

Percebe-se que a Igreja sempre deu atenção especial às sagradas alfaias, para que elas servissem digna e belamente ao decoro do culto. Elas são o conjunto dos objetos utilizados na celebração litúrgica: vestes ou paramentos, ornatos, vasos, toalhas, utensílios e outros mais.[112] As vestes litúrgicas expressam sua função ministerial. Significam, sobretudo, o estado de alma e o ministério exercido. Elas criam um clima de festa, de alegria, de elevação, ajudando a assembleia a manifestar-se como um povo em festa pela salvação em Cristo.[113]

---

[109] Cf. ibid., p. 130-131.
[110] SC, n. 124.
[111] Cf. SC, n. 124.
[112] Cf. BECKHÄUSER, Alberto. **Sacrosanctum Concilium**: texto e comentário. São Paulo: Paulinas, 2012. p. 147.
[113] Cf. Id. **Os fundamentos da sagrada liturgia**. Petrópolis: Vozes, 2004. p. 193-104.

Na Igreja, nem todos os membros desempenham a mesma função. Essa diversidade de funções nas celebrações litúrgicas, principalmente na Eucaristia, manifesta-se exteriormente pela diversidade das vestes sagradas, como o sinal da função ministerial de cada ministro.[114] Elas contribuem também para a beleza da ação sagrada. As vestes usadas pelos sacerdotes, diáconos, bem como pelos ministros leigos são oportunamente abençoadas antes de se destinarem ao uso litúrgico, conforme o rito descrito no Ritual Romano. Convém que a beleza e a nobreza de cada vestimenta decorram não da multiplicidade de ornatos, mas do material usado e da forma. Os ornatos devem expressar símbolos que indiquem o sagrado. As diferentes cores visam expressar, manifestar externamente o caráter dos mistérios celebrados e a consciência de uma vida cristã que progride com o desenrolar do ano litúrgico.[115]

Cabe salientar que a consciência ministerial de cada ministro conduz à harmonia ritual das ações sagradas no espaço celebrativo. Ela conduz ao silêncio, à escuta, ao encontro, estabelece diálogo à ação ritual. Se faltar essa consciência, o ambiente perderá sua harmonia e conexão com o mistério, e os movimentos dos diversos ministros causarão ruídos que prejudicarão a atenção dos fiéis na escuta ritual da Palavra e dos mistérios celebrados.

Além dos vasos e das vestes sagradas, deve-se cuidar de modo especial dos livros litúrgicos, particularmente do Evangeliário e do Lecionário, destinados à proclamação da Palavra de Deus, gozando, por isso, de veneração peculiar, seja na ação litúrgica, realmente como sinais e símbolos das realidades celestes, seja também como verdadeiramente dignos, artísticos e belos. Além disso, deve-se atender com todo cuidado às coisas que estão ligadas diretamente com o altar e a celebração eucarística, como, por exemplo, a cruz do altar e a cruz que é levada em procissão. Cabe ter o máximo cuidado em observar as exigências da arte

---

[114] Cf. CONGREGAÇÃO PARA O CULTO DIVINO E A DISCIPLINA DOS SACRAMENTOS. Op. cit., n. 335, p. 126.
[115] Cf. ibid., n. 335, p. 344-345.

também em coisas de menor importância, e de sempre aliar uma nobre simplicidade a um apurado asseio.[116]

Uma questão muito delicada que tem causado muitos ruídos nas celebrações litúrgicas hoje é o uso do projetor multimídia e de outros aparelhos, como, por exemplo, os celulares. A Comissão Episcopal para a liturgia da CNBB apresentou no dia 11 de maio de 2010, por ocasião da 48ª Assembleia Geral da Conferência Nacional dos Bispos do Brasil, a temática do uso do Projetor Multimídia na liturgia como uma realidade constante nas comunidades. Na época, por se tratar de uma realidade relativamente recente e ainda pouco refletida em meio litúrgico, a Comissão Episcopal para a Liturgia da CNBB ofereceu alguns elementos para reflexão e futuros aprofundamentos da parte do episcopado nacional, elencando as seguintes questões: "O uso do Projetor Multimídia seria apenas uma adaptação à cultura moderna? Uma moda passageira? Ou seria criatividade litúrgica?".[117]

Para os bispos da Comissão para a Liturgia, é preciso evitar tudo o que tira a atenção da Palavra e da Eucaristia. Os ritos têm seu espaço próprio, cujo centro é a mesa da Palavra e a mesa da Eucaristia. Segundo essa mesma Comissão, imagens projetadas durante a celebração desviam a atenção de todos da ação de Jesus Cristo, da própria ação ritual. Destacam os bispos:

> O uso do Projetor Multimídia na Liturgia, além de interferir na ação ritual, entra em competição com a Liturgia, gerando distração. A formação Litúrgica muitas vezes fica reduzida à teoria, sem a devida formação para a ritualidade, conjugada com a espiritualidade. Resultado: recorre-se a folhetos, ao uso do Projetor Multimídia etc., desfocando assim a atenção da assembleia daquilo que é central na celebração.[118]

O texto distribuído aos bispos não é um documento da CNBB, mas são orientações da Comissão para a Liturgia. "O texto quer propiciar o início de uma

---

[116] Cf. ibid., n. 348-351, p. 129.

[117] CNBB. Diocese de Umuarama. **Comissão de liturgia propõe reflexão sobre o uso de Projetor multimídia nas celebrações.** Disponível em: <http://diocesedeumuarama.org.br/intranet/noticias_view.php?id=307&title=comissao-de-liturgia-propoe-reflexao-sobre-o-uso-de-projetor-multimidia-nas-celebracoes#.WU6RWOlv_IU>. Acesso em: 24/06/2017.//

[118] Ibid.

reflexão a respeito do uso do Projetor de Multimídia na celebração litúrgica", explicou o assessor da Comissão, padre Carlos Gustavo Haas.[119]

O texto oferece 18 artigos muito claros a respeito do uso do projetor multimídia nas celebrações, por ser uma realidade frequente nas comunidades. Por tratar-se de prática litúrgica nova, ainda é pouco discutida, e sua eficácia e resultados parecem insuficientemente avaliados. Assim o texto ajuda a olhar para essa realidade:[120]

> Projetar cantos num telão ou numa parede da igreja, inclusive fazendo correção de textos durante a ação ritual; projetar as orações presidenciais, inclusive a oração eucarística, enquanto o presidente as proclama; projetar as leituras bíblicas enquanto são proclamadas; projetar a homilia ou parte dela, de forma esquemática, enquanto é proferida, chegando até mesmo a ser acompanhada por trilha sonora; projetar, durante a homilia e a oração eucarística, imagens ou vídeo de Jesus retratando ações correspondentes a estes momentos rituais como, por exemplo, cenas da última ceia projetadas durante a narrativa da instituição, no momento em que Jesus parte o pão; projetar ícones em diferentes momentos da celebração, bem como mensagens após a comunhão.[121]

Estes exemplos, como tantos outros que poderiam ser citados, servem como reflexão complexa da realidade atual com relação a esses meios. Os que usam deste recurso na liturgia dão como justificativa questões ecológicas, eliminação de folhetos litúrgicos e livros de cânticos, alegando ser mais prática a projeção que a multiplicação de folhas de papéis para serem usados na liturgia. Um outro argumento é que facilita a participação da assembleia na liturgia, livrando-a de manter-se ocupada com folhas e objetos nas mãos.[122]

---

[119] Cf. ibid.

[120] Cf. LIMA, Danilo César dos Santos. O uso dos aparatos técnicos nas celebrações: uma reflexão a propósito da nota emitida pela Comissão Episcopal pastoral para a liturgia. **Revista Vida Pastoral**, ano 53, n. 285, julho-agosto, 2012, p. 20.

[121] CNBB. **O uso do projetor multimídia na liturgia.** http://ironispuldaro.com.br/site/o-uso-do-projetor-multimidia-na-liturgia/ acesso em 24/06/2017.

[122] Cf. ibid.

O texto da Comissão Litúrgica propõe também alguns elementos para a reflexão dessa realidade. Como já foi trabalho anteriormente, o espaço requer leveza para aguçar a audição e os demais sentidos, e não poluição visual que causa ruídos e desconcentração. Com relação à participação ativa dos fiéis na liturgia, exige-se uma interação entre quem proclama a Palavra e a assembleia que escuta, entre a presidência e a assembleia e o próprio Deus, entre Deus e seu povo, por força das ações rituais.

Sendo assim, ainda que o uso do projetor multimídia, sem dúvida, interfira na estética do espaço celebrativo, pode contribuir muito na formação dos fiéis fora do espaço sagrado, em cursos, encontros, retiros e etc., prestando um ótimo serviço na formação litúrgica dos fiéis também.[123]

Vale lembrar que a introdução de recursos técnicos na celebração não começou com os projetores multimídia. Não se sabe precisar quando exatamente, mas já faz tempo que se vê a lâmpada do sacrário imitar a chama de uma vela. A amplificação adequada do som continua sendo um desafio. Celebrações de matrimônios sendo acompanhadas por CDs, e há testemunhos de aspersão e até de batismo com borrifador de água. Os projetores multimídias,[124] Tablets, iPhones, iPads, Smartphones, iPods e iMacs são os mais recentes aparatos que podem ser encontrados hoje nos espaços sagrados, não só nas paredes ou telões das igrejas, mas nas mãos dos fiéis. Eis o grande desafio para a escuta como princípio operativo na liturgia nos dias atuais.

O teólogo Spadaro, ao escrever sobre o "texto flutuante e a resistência litúrgica", afirma que a página não é mais uma espécie de ícone pintado no pergaminho, como na época das grandes Bíblias, em iluminuras, mas sim é uma tela. O texto, segundo ele, se separa da realidade material da página. A veneração agora é toda deslocada para a mensagem, para o texto, a página se torna provisória

---

[123] Cf. ibid.

[124] Cf. LIMA, Danilo César dos Santos. O uso dos aparatos técnicos nas celebrações: uma reflexão a propósito da nota emitida pela Comissão Episcopal pastoral para a liturgia. **Revista Vida Pastoral**, ano 53, n. 285, jul./ago. 2012, p. 23.

e o livro, acessório. Já na liturgia, ao contrário, tende-se ainda a pensar a página sacra como um ícone. A página do Evangelho permanece parte integrante da ação ritual da comunidade cristã. Não é imaginável que se leve um iPad ou um computador na procissão. Não é imaginável que numa liturgia um monitor seja solenemente beijado e incensado.[125]

Para Spadaro, a liturgia católica é um baluarte de resistência da relação texto/página contra a volatização ou espiritualização do texto desencarnado de uma página de tinta. A página se torna o corpo de um texto que de outro modo fica sempre aberto a possíveis novas reencarnações e aparições sob formas sempre diferentes: basta um clique para mudar a formatação, modificar as dimensões das letras, sua cor e sua forma gráfica.[126] Porém, Spadaro deixa o seguinte questionamento: "Como a experiência virtual pode mudar a pessoa que é sujeito na liturgia 'real', aquela de nossas celebrações nas igrejas, estimulando algumas potencialidades e inibindo outras?".[127] E conclui citando McLuhan: "As mudanças impostas pela transformação cultural que estamos atravessando tocam em profundidade também a nossa liturgia".[128] Uma proposta que apresenta desafios e abre caminhos para novas reflexões à ciência teológico-litúrgica.

---

125 Cf. SPADARO, Antonio. **Ciberteologia**: pensar o cristianismo em tempos de rede. São Paulo: Paulinas, 2012. p. 142-143.
126 Cf. ibid., p. 143.
127 Ibid., p. 151.
128 Ibid., p. 152.

CONCLUSÃO

O mundo está passando por profundas transformações devido aos avanços tecnológicos. Percebe-se que o maior impacto possivelmente esteja ocorrendo no âmbito do surgimento das novas tecnologias digitais, especialmente as da informação. Esse impacto afeta a todos. Neste novo cenário já não se pode delimitar qualquer distância entre o sujeito e as tecnologias que continuamente o modificam. O que impacta a concepção da pessoa humana e suas relações, que, segundo Bauman, se tornaram líquidas e descartáveis. As pessoas hoje, principalmente nos grandes centros, não se relacionam, mas se conectam; estão cada vez mais *on-line* do que *off-line*. Com apenas um clique, incluem ou dispensam os outros humanos de seu mundo, os quais têm a dimensão de uma tela de computador ou de um celular que cabe na palma da mão.

Os sentidos estão nas pontas dos dedos, que os colocam em um ambiente completamente inerte de sua realidade real. Sua realidade é o seu ambiente virtual, que pode desaparecer com apenas um clique. A liturgia não pode fugir dessa realidade nem pode estar alheia a ela. É urgente uma reação de consciência pessoal e comunitária de resistência a essa cultura volátil e líquida. Como bem lembrou o Papa Francisco, "desbloquear os ouvidos para escutar e depois falar. Primeiro escutar depois falar".[129] As relações virtuais são líquidas. Os fiéis que formam as assembleias litúrgicas estão inseridos nessa realidade líquida o tempo todo. Quando chegam à Igreja, querem receber alimento sólido para poder enfrentar essa realidade com esperança e cabeça erguida, colocando em prática no seu dia a dia o que escutaram na Palavra de Deus e celebraram na liturgia.

Para escutar a Palavra de Deus e compreendê-la com o coração, a mente e a vida, é necessário que a pessoa esteja em conexão com o espaço sagrado, onde ela está situada e com ela mesma. Mas isso só será possível se o ambiente estiver

---

[129] FRANCISCO, Papa. **Eu não temo as bruxas, mas as fofocas**: mesmo aquelas do Vaticano. Disponível em: <http://www.ihu.unicinos.br./565764-eu-nao-temo-as-bruxas-mas-as-fofocas-mesmo-aquelas-do-vaticano>. Acesso em: 05/06/2017.

harmonioso, como já mencionado anteriormente. Portanto, sente-se também a necessidade de uma catequese mistagógica da fé nos dias de hoje. Mas essa formação catequético-mistagógica da fé não pode ser só no campo do intelecto, do conhecimento racional da fé, mas também precisa envolver a vivência, como uma tomada de consciência a partir da experiência vivencial da fé celebrada e vivida.

O Papa Bento XVI diz que a única estrada que pode levar os fiéis a penetrarem os mistérios celebrados é a catequese mistagógica. Em concreto e antes de mais nada, há que afirmar que, devido à relação entre a arte da celebração e a participação ativa dos fiéis, a melhor catequese sobre a Eucaristia é a própria Eucaristia bem celebrada. Por sua natureza, a liturgia possui eficácia pedagógica própria para introduzir os fiéis no conhecimento do mistério celebrado. É por isso que, na tradição mais antiga da Igreja, o caminho formativo do cristão, sem descuidar da inteligência sistemática da fé, assumia sempre um caráter de experiência, em que era determinante o encontro vivo e persuasivo com Cristo anunciado por autênticas testemunhas. Portanto, "quem introduz nos mistérios é primariamente a testemunha; depois esse encontro se aprofunda, sem dúvida, na catequese e encontra a sua fonte e ápice da celebração da Eucaristia".[130] Eis o longo caminho a ser percorrido.

[130] SCa. n. 64.

REFERÊNCIAS BIBLIOGRÁFICAS

AUTRAN, Paulo. Comunicação na liturgia: entrevista com um homem do teatro. **Revista Família Cristã**, n. 18, p. 287-289, 2001. Suplemento "Nossa História: 500 anos de presença da Igreja no Brasil".

BAITELLO, Junior Norval. **A era da iconofagia**: reflexões sobre a imagem, comunicação, mídia e cultura. São Paulo: Paulus, 2014.

BAUMAN, Zygmunt. **A cultura no mundo líquido moderno**. Rio de Janeiro: Zahar, 2013.

______. **Amor líquido**: sobre a fragilidade dos laços humanos. Rio de Janeiro: Zahar, 2004.

______. **Estranhos à nossa porta**. Rio de Janeiro: Zahar, 2017.

______. **Medo líquido**. Rio de Janeiro: Zahar, 2008.

______. **Modernidade líquida**. Rio de Janeiro: Zahar, 2001.

______. **Tempos líquidos**. Rio de Janeiro: Zahar, 2007.

______. **Vida líquida**. Rio de Janeiro: Zahar, 2013.

BECKHÄUSER, Alberto. **Os fundamentos da sagrada liturgia**. Petrópolis: Vozes, 2004.

______. **Sacrosanctum Concilium**: texto e comentário. São Paulo: Paulinas, 2012.

BENTO XVI, Papa. **Exortação Apostólica Pós-sinodal Sacramentum Caritatis**. São Paulo: Paulinas, 2016.

______. **Exortação Apostólica Pós-sinodal Verbum Domini**. São Paulo: Paulinas, 2010.

______. **Silêncio e Palavra**: caminho de evangelização – Dia mundial das Comunicações Sociais, 20 de maio de 2012. São Paulo: Paulus, 2012.

BOROBIO, Dionisio. **A celebração na Igreja**: liturgia e sacramentologia fundamental. São Paulo: Loyola, 1990. v. 1.

CELAM. **Manual de liturgia II**: a celebração do Mistério Pascal. São Paulo: Paulus, 2005.

CENTRO NACIONAL DE PASTORAL LITÚRGICA. **A arte de celebrar**: guia pastoral. Brasília: CNBB, 2015.

CERQUEIRA, Teresa Cristina Siqueira (org.). **(Con)Texto em escuta sensível**. Brasília: Thesaurus, 2011.

CNBB. Doc. 43. **Animação da vida litúrgica no Brasil**. São Paulo: Paulinas, 2006.

______. Doc. 52. **Orientações para a celebração da Palavra de Deus**. São Paulo: Paulinas, 2011.

CONCÍLIO ECUMÊNICO VATICANO II. **Constituição Dogmática Dei Verbum**: sobre a revelação divina. São Paulo: Paulinas, 2015.

_____. **Constituição Sacrosanctum Concilium**: sobre a sagrada liturgia. São Paulo: Paulinas, 2015.

CONGREGAÇÃO PARA O CULTO DIVINO E A DISCIPLINA DOS SACRAMENTOS. **Instrução Geral ao Missal Romano e Introdução ao Lecionário**. Brasília: CNBB, 2016.

CORAZZA, Helena. **A comunicação e liturgia na comunidade e na mídia**. São Paulo: Paulinas, 2005.

COSTA, Valeriano Santos. **Celebrar a Eucaristia**: tempo de restaurar a vida. São Paulo: Paulinas, 2006.

______. Liturgia em tempos líquidos. **Revista de Cultura Teológica**, ano XXIV, n. 87, jan./jun. 2016.

______. *Sentire cum Ecclesia* no Brasil. **Revista de Cultura Teológica**, ano XXIII, n. 85, jan./jun. 2015.

______. Tempos líquidos, desafios para a nova evangelização. **Theologica Xaveriana**, v. 65, n. 179, jan./jun. 2015.

______. **Vida cristã**: a existência no amor. São Paulo: Paulinas, 2014.

DOCUMENTO DE APARECIDA. São Paulo: CNBB/Paulinas/Paulus, 2007.

JOÃO PAULO II, Papa. **Carta Apostólica Mane Nobiscum Domine**. São Paulo: Paulinas, 2010.

LIMA, Danilo César dos Santos. O uso dos aparatos técnicos nas celebrações: uma reflexão a propósito da nota emitida pela Comissão Episcopal pastoral para a liturgia. **Revista Vida Pastoral**, ano 53, n. 285, jul./ago. 2012.

PAULA, Blanches de. **Escuta libertadora**: temas emergentes para o Aconselhamento Pastoral. Belo Horizonte: Filhos da Graça/Siano, 2013.

SBARDELOTTO, Moisés. **E o Verbo se fez rede**: religiosidades em reconstrução no ambiente digital. São Paulo: Paulinas, 2017.

SPADARO, Antonio. **Ciberteologia**: pensar o cristianismo em tempos de rede. São Paulo: Paulinas, 2012.

VILHENA, Maria Angela; PASSOS, João Décio (org.). **Religião e consumo**: relações e discernimento. São Paulo: Paulinas, 2012.

Referências eletrônicas

BAUMAN, Zygmunt. **Contra a Europa da suspeita e para encontrar saída, escutem o Papa**. Disponível em: <http://www.ihu.unisinos.br/noticias/557760-qcontra-a-europa-da-suspeita-e-para-encontrar-uma-saida-escutem-o-papaq-entrevista-com-zygmunt-bauman>. Acesso em: 06/06/2017.

_____. **Vivemos em tempos líquidos**: nada é para durar. Disponível em: <http://istoe.com.br/102755_VIVEMOS+TEMPOS+LIQUIDOS+NADA+E+PARA+DURAR+/>. Acesso em: 06/06/2017.

CATEDRAL DE MARINGÁ. **A Pastoral da Escuta e Aconselhamento**. Disponível em: <http://catedraldemaringa.com.br/pastorais-e-movimentos/a-pastoral-da-escuta-e-aconselhamento/>. Acesso em: 25/05/2017.

CNBB. Diocese de Umuarama. **Comissão de liturgia propõe reflexão sobre o uso de Projetor multimídia nas celebrações**. Disponível em: <http://diocesedeumuarama.org.br/intranet/noticias_view.php?id=307&title=comissao-de-liturgia-propoe-reflexao-sobre-o-uso-de-projetor-multimidia-nas-celebracoes#.WU6RWOlv_IU>. Acesso em: 24/06/2017.

_____. **O uso do projetor multimídia na liturgia**. Disponível em: <http://ironispuldaro.com.br/site/o-uso-do-projetor-multimidia-na-liturgia/>. Acesso em: 24/06/2017.

FRANCISCO, Papa. **Discurso aos voluntários do "telefono amico Itália"**. Disponível em: <http://w2.vatican.va/content/francesco/pt/speeches/2017/march/documen

ts/papa-francesco_20170311_volontari-telefono-amico.html>. Acesso em: 24/05/2017.

______. **Eu não temo as bruxas, mas as fofocas**: mesmo aquelas do Vaticano. Disponível em: <http://www.ihu.unicinos.br./565764-eu-nao-temo-as-bruxas-mas-as-fofocas-mesmo-aquelas-do-vaticano>. Acesso em: 05/06/2017.

Printed by Books on Demand GmbH, Norderstedt / Germany